El Entrenamiento de 30 Días Para Construcción Muscular: La Solución Para Aumentar Masa Muscular, Para Fisiculturistas, Atletas, y Personas Que Solo Desean Mejorar Su Cuerpo

Por
Joseph Correa
Entrenador y Atleta Profesional

DERECHOS DE AUTOR

© 2016 Correa Media Group

Todos los derechos reservados.

La reproducción o traducción total o parcial de este trabajo, más allá de los límites permitidos por la sección 107 o 108 de la Copyright Act de 1976 de los Estados Unidos sin el permiso del propietario del copyright es ilegal.

Esta publicación fue diseñada con el propósito de brindar información precisa y autorizada en relación con la temática tratada. El material se comercializa con el entendimiento de que ni el autor ni el editor se encuentran comprometidos en la prestación de asistencia médica. Si necesita asistencia o asesoramiento médico, consulte con un médico. El presente contenido constituye solo una guía y no debe utilizarse de ninguna manera que pudiera perjudicar su salud. Consulte con un profesional médico antes de comenzar. Asegúrese de que es adecuado para usted.

AGRADECIMIENTOS

A todas las personas que me han brindado soporte y ayuda para hacer posible este libro.

El Entrenamiento de 30 Días Para Construcción Muscular: La Solución Para Aumentar Masa Muscular, Para Fisiculturistas, Atletas, y Personas Que Solo Desean Mejorar Su Cuerpo

Por
Joseph Correa
Entrenador y Atleta Profesional

INTRODUCTION

El entrenamiento de 30 días para construcción muscular: La solución para aumentar masa muscular, para fisiculturistas, atletas, y personas que solo desean mejorar su cuerpo

Este programa de entrenamiento cambiará el cómo te ves y te sientes. Si logras seguir el programa podrás ver grandes resultados en 30 días pero no debés detenerte allí. Ambos entrenamientos, NORMAL e INTENSO para asegurarte que realmente podrás cambiar tu cuerpo. Este programa de crossfit incluye recetas específicas para cada comida del día pero puedes adaptarlas siempre a tu situación particular. Este programa viene con una rutina y sesión de ejercicios, así que asegúrate de no saltarte la primera parte para permanecer libre de lesiones y poder completar el programa. Además, este programa soluciona el dilema de la alimentación ofreciéndote muchas opciones en términos de nutrición. Viene con deliciosas recetas de desayunos, almuerzos, cenas y postres para que puedas satisfacer el hambre comiendo sanamente. Un capítulo entero de este libro está dedicado a recetas de batidos para ayudarte completamente a absorber tanta proteína como sea posible de una manera saludable, pero asegurándote ingerir mucho líquido para ayudar a la digestión del cuerpo adecuadamente. Todos pueden convertirse en más, más y más fuertes, sólo se requiere disciplina y un gran programa de entrenamiento para que consigas hacer ejercicio y comer bien.

Las personas que comienzan con este plan de entrenamiento notarán lo siguiente:

• Mayor crecimiento de masa muscular
• Mejora en la fuerza, la movilidad y la reacción del músculo.
• Mayor capacidad para entrenar por largos períodos de tiempo
• Rápido aumento de músculo magro
• Menor fatiga muscular
• Tiempos de recuperación más rápidos después de competir o entrenar
• Mayor energía durante todo el día
• Más confianza en ti mismo
• Una mejor actitud entorno al ejercicio y la nutrición

CONTENIDOS

DERECHOS DE AUTOR

AGRADECIMIENTOS

INTRODUCCION

CAPÍTULO 1: CALENDARIO DE ENTRENAMIENTO 30 DÍAS DE CONSTRUCCIÓN MUSCULAR

CALENDARIO NORMAL

CALENDARIO INTENSO

CAPÍTULO 2: EJERCICIOS DEL PROGRAMA DE ENTRENAMIENTO DE 30 DÍAS DE CONSTRUCCIÓN MUSCULAR

EJERCICIOS DE CALENTAMIENTO DINÁMICO

EJERCICIOS DE ENTRENAMIENTO DE ALTO

RENDIMIENTO

CAPÍTULO 3: RECETAS DE DESAYUNOS HIPERPROTÉICOS PARA EL CRECIMIENTO DE MASA MUSCULAR.

CAPÍTULO 4: RECETAS DE ALMUERZOS HIPERPROTÉICAS PARA EL CRECIMIENTO DE MASA MUSCULAR

CAPÍTULO 5: RECETAS DE CENAS HIPERPROTÉICAS PARA EL CRECIMIENTO DE MASA MUSCULAR

CAPÍTULO 6: RECETAS DE POSTRES HIPERPROTÉICOS PARA EL CRECIMIENTO DE MASA MUSCULAR

CAPÍTULO 7: BATIDOS HIPERPROTEICOS PARA EL CRECIMIENTO DE MASA MUSCULAR

OTROS GRANDES TÍTULOS DE ESTE AUTOR.

CAPÍTULO 1: CALENDARIO DE ENTRENAMIENTO 30 DÍAS DE CONSTRUCCIÓN MUSCULAR

"NORMAL" CALENDAR

				1	2	3	4
5	6	7	8	9	10	11
Pecho y Tríceps	Núcleo	Cuadric. y muslos	Recuperación activa	Espalda biceps	Tren superior	**Recuperación activa**
12	13	14	15	16	17	18
Pecho y Tríceps	Núcleo	Cuadric. y muslos	Recuperación activa	Espalda biceps	Tren superior	**Recuperación activa**
19	20	21	22	23	24	25
Pecho y Tríceps	Núcleo	Cuadric. y muslos	Recuperación activa	Espalda biceps	Tren superior	**Recuperación activa**
26	27	28	29	30	31	
Pecho y Tríceps	Núcleo	Cuadric. y muslos	Recuperación activa	Espalda biceps	Tren superior	**Recuperación activa**

CALENDARIO "INTENSIVO"

			1	2	3	4
5	6	7	8	9	10	11
Pecho y Tríceps	Núcleo	Cuadric. y muslos	Recuperación activa	Espalda biceps	Tren superior	Recuperación activa
12	13	14	15	16	17	18
Pecho y Tríceps	Núcleo	Cuadric. y muslos	Recuperación activa	Espalda biceps	Tren superior	Recuperación activa
19	20	21	22	23	24	25
Pecho y Tríceps	Núcleo	Cuadric. y muslos	Recuperación activa	Espalda biceps	Tren superior	Recuperación activa
26	27	28	29	30	31	
Pecho y Tríceps	Núcleo	Cuadric. y muslos	Recuperación activa	Espalda biceps	Tren superior	Recuperación activa

CAPÍTULO 2: EJERCICIOS DEL PROGRAMA DE ENTRENAMIENTO DE 30 DÍAS DE CONSTRUCCIÓN MUSCULAR

PLAN DE ENTRENAMIENTO

Se espera completar cinco sesiones de ejercicio por semana durante cuatro semanas. Estos ejercicios han sido diseñados para producir no sólo el crecimiento máximo de la masa muscular, sino también para asegurar que cada grupo muscular se trabaje uniformemente.

NO EVITES LA RECUPERACIÓN

En días donde no hay entrenamiento es prescripto que, debes completar una sesión de recuperación activa además de una rutina de estiramiento. Esto es para asegurar que la musculatura posea una óptima movilidad y se equilibre la masa.

¿QUÉ PODRÉ LOGRAR DESPUÉS DE ESTE PROGRAMA?

El propósito del programa es trabajar en sinergia con la dieta que se prescribe en el libro con el fin de producir un desarrollo máximo. Puedes así transitar un camino para verte más delgado, más fuerte y mejor desarrollado.

FORMATO DE ENTRENAMIENTO

Cada semana se dividirá en 5 entrenamientos denominados en el libro como "divisiones"

con grupos de músculos específicos.
Estas divisiones se organizarán de la siguiente manera: pecho y tríceps, espalda y bíceps, muslos y cuádriceps (piernas), tren superior y abdominales (núcleos).
Además, se realizarán 2 recuperaciones activas y sesiones de estiramientos en sus días sin entrenamientos. Éstos últimos cubrirán toda la musculatura, independientemente de qué grupo específico desees desarrollar.

- ✓ **Para las semanas 1 y 3, completa los ejercicios:** 1,2,7,8 para cada Split (división) con excepción de los hombros que siempre deberás realizar 1,2,3,4

- ✓ **Para las semanas 2 y 4, complete los ejercicios:** 3,4,5,6 de cada Split (división) a excepción de hombros que siempre deberás realizar 1,2,3,4

RUTINA INTENSA
También nos hemos tomado la libertad de crear un calendario de ejercicios intenso. Las divisiones o Split siguen siendo las mismas, con excepción de que aquí se duplicarán. No se deben cambiar los pesos y las repeticiones, pero puedes tomar descansos adicionales entre las series.

RUTINA DE ESTIRAMIENTO

Estas son las 7 series de estiramiento o elongación que cada atleta debe realizar en los días marcados como "recuperación activa)

1. **Elongación complete de hombre y pecho:** Aférrate a un poste en el rack de sentadilla o algún otro objeto con el brazo completamente extendido. Gira tu cuerpo sin mover tu brazo pero hasta sentir un estiramiento en el pecho y los hombros. Mantenga esta posición durante 90 segundos. Repite con el otro brazo.

2. **Elongación colgante:**
   Agárrate a una barra de flexiones con las palmas mirando hacia afuera. Mantente colgado durante 90 segundos

3. **Elongación de tríceps:** Extiende los brazos por encima de tu cabeza. Con un brazo agarra la parte de atrás de tu cuello. Con la otra mano el codo del brazo doblado y tire de ella hacia abajo. Mantén esta posición durante 90 segundos. Repita con el otro brazo.

4. **Estiramiento de cuádriceps:** Párate frente a la pared. Pon tu mano en la pared apoyándola. Flexiona la pierna opuesta y tómala con la mano libre por tus espaldas hasta que el pie toque el

muslo, y tira de él por 90 segundos y luego repite con la otra pierna.

5. **Estiramiento de pantorrillas:** Párate a un metro de la pared y apoya tus dos manos en ella soportando así todo el peso de tu cuerpo. Forma un ángulo con tu cuerpo, y mantente así durante 90 segundos.
6. **Estiramiento de los tendones isquiotibiales:** Siéntate en el piso y estira una pierna delante de ti. Flexiona la rodilla de la otra pierna y pon ese pie contra el muslo del mismo flanco. Alcanza la pierna estirada con el brazo del mismo lado. Mantén durante 90 segundos. Repite con la pierna opuesta.
7. **Elongación abdominal:** Recuéstate sobre tu estómago y con las manos a la altura del pecho eleva el tronco (las piernas deben estar rectos, debe curvar el torso para arriba). Mantenga la posición durante 90 segundos.

SESIÓN DE RECUPERACIÓN ACTIVA

Se compone de series de 6 ejercicios que el atleta debe completar antes de cada entrenamiento (denominado split en este libro) en combinación con 30 minutos de cardio de intensidad moderada. Además, también tendrás que completar estos ejercicios en los 3 días semanales marcados como "recuperación activa" antes de los estiramientos.

1. **Conversión de V a sentado:** Comienza por sentarte en el piso. A continuación debes propulsarte hacia atrás girando las rodillas hacia adentro para que toquen tu pecho (tu peso debe estar en la parte posterior ahora) con tus brazos extendidos sobre el suelo. Finalmente, regresa a la posición hacia adelante y extiende tus piernas para que formen una V. Realizar 15 veces.

2. **Boca hidrante:** Comienza agachándote, lleva las palmas al suelo (a la altura de los hombros). Asegúrate de que tu espalda está recta. Sin mover la espalda, dibuja un círculo con la rodilla por lo que se moverá hacia fuera, hacia delante y hacia atrás. Repite 15 veces para cada pierna.

3. **Rodando la cintilla iliotibial:** comienza a rodar con un rodillo de espuma debajo de la cadera hasta los muslos. Realizar 10 - 15 veces. Centrarse específicamente en las áreas apretadas.

4. **Rodando en abductores:** comienza a rodar con un rodillo de espuma por debajo del pliegue de la cadera trabajándolo desde abajo hacia arriba. Céntrate específicamente en las áreas apretadas. Realiza de 10-15 movimientos de rodillo.

5. **Presionando el glúteo con una pelota:** Ubica la pelota justo al final del glúteo. Cruza la pierna opuesta y haz rodar la bola hasta llegar a la hendidura del glúteo. Concéntrate en hacer rodar la bola en el área durante 60 segundos. Repite lo mismo en el otro flanco.

6. **Rezongones:** Comienza con un empuje hacia arriba. Usando ambas piernas, saltar hacia adelante sin mover las manos y aterriza con los pies tocando tus manos. Salta hacia la posición de lagartija. Repite unas 20 veces.

Ejercicio de pectorals y tríceps

Estos ejercicios acondicionarán tu pecho y tríceps

1. Caída con peso (triceps)

Cómo:
a. Utiliza una correa de peso alrededor de tu torso para trabajar una cantidad adecuada de peso. Por otra parte, sostén una mancuerna entre las piernas.
b. Coloca las manos a cada lado de la barra de manera que tus brazos están completamente extendidas y apoyadas en tu cuerpo.
c. Inclina el cuerpo doblando el codo mientras te asegura que el movimiento está controlado.
d. Presiona tu cuerpo hacia atrás hasta la posición inicial

Esquema Repetición:

***3 sets de 10-12 repeticiones cada uno puede ser difícil, pero no imposible. Debes ser capaz de hacer 2-3 repeticiones más en cada día después de ajustar el rango de repetición hasta que se cumplan tus parámetros, pero no cambiar el número de sets. Si el ejercicio resulta muy difícil realiza la serie pero sin el peso. SI aún te resultase costoso realiza la actividad en una máquina de series.

Beneficios a tu salud:

+++Desarrollo, ++Elasticidad, ++Resistencia

2. Diamantes arriba con peso (triceps)

Como:
a. Acuéstate boca abajo en plancha y posiciona las manos más estrechas que la anchura de los hombros.
b. Busca quien te ayude a colocar un peso adecuado en la espalda
c. lentamente baja tu cuerpo en plancha hasta que el pecho esté a un puño de longitud del piso
d. Empuja hacia arriba

Esquema de repetición:

*** 3 sets de 10-12 repeticiones cada uno puede ser difícil, pero no imposible. Debes ser capaz de hacer 2-3 repeticiones más en cada día después de ajustar el rango de repetición hasta que se cumplan tus parámetros, pero no cambiar el número de sets.

Beneficios a tu salud:

+++Desarrollo, ++Elasticidad, ++Resistencia

3. Rompe cráneos (triceps)

Cómo:
a. agarra la barra con un agarre estrecho y sostenla con los codos hacia adentro
b. Acuéstate en el Banco garantizando al mismo tiempo que los brazos estén en un ángulo de 90 grados.
c. sin mover los brazos, baje la barra
d. Levanta la barra de vuelta a posición inicial

Esquema de repeticiones:

****** 3 sets de 10-12 repeticiones cada uno puede ser difícil, pero no imposible. Debes ser capaz de hacer 2-3 repeticiones más en cada día después de ajustar el rango de repetición hasta que se cumplan tus parámetros, pero no cambies el número de sets.

Beneficios a tu salud:

+++Desarrollo, ++Elasticidad, ++Resistencia

4. Extensión de tríceps (triceps)

Cómo:
a. siéntate en una máquina de extensión de tríceps
b. Coloca los brazos contra las almohadillas y tomate de las manijas del gancho agarrador
c. baja tus brazos extendiendo los codos
d. retorna a la posición inicial

Esquema de repetición:

***3 sets de 10-12 repeticiones cada uno puede ser difícil, pero no imposible. Debes ser capaz de hacer 2-3 repeticiones más hasta el décimo día después de ajustar el rango de repetición hasta que se cumplan tus parámetros, pero no cambies el número de sets.

Beneficios a tu salud:

+++Desarrollo, ++Elasticidad, ++Resistencia

5. Banco de presión (pecho)

Cómo:
Acomódate en el banco con los pies sobre el piso
b. Toma la barra con un agarre, ligeramente más ancho que la anchura de los hombros
c. Levanta la barra que está sobre el centro de tu pecho
d. Baja la barra hasta que toque tu pecho o tan cerca como sea posible
e. Empuja la barra hacia arriba hasta que tus brazos están completamente extendidos
f. Repite d-e

Esquema de repeticiones:

***3 sets de 10-12 repeticiones cada uno puede ser difícil, pero no imposible. Debes ser capaz de hacer 2-3 repeticiones más hasta el décimo día después de ajustar el rango de repetición hasta que se cumplan tus parámetros, pero no cambies el número de sets.

Beneficios a tu salud:

+++Desarrollo, ++Elasticidad, ++Resistencia

6. Banco de presión inclinado (pecho)

Cómo:
a. acomódate e inclínate en el banco con los pies sobre el piso
b. Toma la barra con un agarre ligeramente más ancho que la anchura de los hombros
c. Levanta la barra que está sobre el centro de tu pecho
d. Baja la barra hasta que toque la parte superior de tu pecho, o tan cerca como sea posible
e. Empuja la barra hacia arriba hasta que tus brazos están completamente extendidos
f. Repite d-e

Esquema de repeticiones:

***3 sets de 10-12 repeticiones cada uno puede ser difícil, pero no imposible. Debes ser capaz de hacer 2-3 repeticiones más hasta el décimo día después de ajustar el rango de repetición hasta que se cumplan tus parámetros, pero no cambies el número de sets.

Beneficios a tu salud:

+++Desarrollo, ++Elasticidad, ++Resistencia

7. Mancuernas de presión (Pecho)

Cómo:
Siéntate en posición vertical sobre el banco con los pies sobre el piso.
b. Toma las pesas y apóyate en tus muslos.
c. Acuéstate mientras pateas las pesas para que tus brazos están completamente extendidos teniéndolos.
d. Baja las pesas hasta que toquen tu pecho o tan cerca como sea posible.
e. Empuja las pesas hacia arriba hasta que tus brazos estén completamente extendidos
f. Repite d-e

Esquema de repeticiones:

***3 sets de 10-12 repeticiones cada uno puede ser difícil, pero no imposible. Debes ser capaz de hacer 2-3 repeticiones más hasta el décimo día después de ajustar el rango de repetición hasta que se cumplan tus parámetros, pero no cambies el número de sets.
Beneficios a tu salud:

+++Desarrollo, ++Elasticidad, +Resistencia

8. Peso en vuelo (pecho)

Cómo:
a. Sientate hacia arriba sobre un banco plano sosteniendo una mancuerna en cada mano
b. descansa el peso en tus muslos
c. tumbate en el Banco mientras usas los muslos para levantar las pesas en una posición de presión.
d. mientras tus brazos están completamente extendidos, baja los brazos a cada lado
e. Vuelve los brazos a la posición inicial mientras que comprimes el pecho

Esquema de repeticiones:

***3 sets de 10-12 repeticiones cada uno puede ser difícil, pero no imposible. Debes ser capaz de hacer 2-3 repeticiones más hasta el décimo día después de ajustar el rango de repetición hasta que se cumplan tus parámetros, pero no cambies el número de sets.

Beneficios a tu salud:

+++Desarrollo, ++Elasticidad, +Resistencia

EJERCICIOS DE DELTOIDES Y TRAPECIOS

Estos ejercicios acondicionarán tus hombros

1. Presión a los hombros con barra con peso por sobre la cabeza (Delts)

Cómo:
a. Parate frente a la barra tomándola con la anchura de los hombros
b. Asegúrate de que la barra esté a la altura de los hombros
c. Sujeta la barra más estrecha que la anchura del hombro con ambas manos hacia afuera
d. Sube el peso de la barra hacia arriba en una línea vertical al mover ligeramente la barbilla hacia
e. baja la barra hacia posición inicial

Esquema de repeticiones:

***3 sets de 10-12 repeticiones cada uno puede ser difícil, pero no imposible. Debes ser capaz de hacer 2-3 repeticiones más hasta el décimo día después de ajustar el rango de repetición hasta que se cumplan tus parámetros, pero no cambies el número de sets.

Beneficios a tu salud:

+++Elasticidad, ++Fuerza

2. Seated dumbbell shoulder press (delts)

Cómo:
a. Siéntate con el peso colocado encima de los muslos
b. Pon las pesas de modo de elevarlas con una patada lenta.
c. Debes estar en posición de prensa
d. Presiona el peso hacia arriba en una línea vertical.
e. Baja las pesas hacia atrás a la posición inicial

Esquema de repeticiones:

***3 sets de 10-12 repeticiones cada uno puede ser difícil, pero no imposible. Debes ser capaz de hacer 2-3 repeticiones más hasta el décimo día después de ajustar el rango de repetición hasta que se cumplan tus parámetros, pero no cambies el número de sets.

Beneficios a tu salud:

 +++Desarrollo, ++Elasticidad, +Resistencia

3. Mancuerna lateral

Cómo:
a. Párate sosteniendo las mancuernas en las manos a la altura de los hombros.
b. Levanta el peso en cada lado con las palmas hacia abajo hasta que los brazos estén perpendiculares al torso
c. Baja el peso para volver a la posición inicial.

Esquema de repeticiones:

***3 sets de 10-12 repeticiones cada uno puede ser difícil, pero no imposible. Debes ser capaz de hacer 2-3 repeticiones más hasta el décimo día después de ajustar el rango de repetición hasta que se cumplan tus parámetros, pero no cambies el número de sets.

Beneficios a tu salud:

+++Desarrollo, ++Elasticidad, +Resistencia

4. Fila vertical

Cómo:
a. Soporta la barra sosteniéndolas con tus manos y manteniendo el ancho de los hombros.
b. Con las palmas hacia dentro levanta en línea recta la barra
c. Baja la barra volviendo a la posición inicial.

Esquema de repeticiones:

***3 sets de 10-12 repeticiones cada uno puede ser difícil, pero no imposible. Debes ser capaz de hacer 2-3 repeticiones más hasta el décimo día después de ajustar el rango de repetición hasta que se cumplan tus parámetros, pero no cambies el número de sets.

Beneficios a tu salud:

+++Desarrollo, ++Elasticidad, +Resistencia

Ejercicios de espalda y bíceps

Estos ejercicios te ayudarán a acondicionar tu espalda y bíceps.

1. Levantamiento (espalda)

Cómo:
a. Toma la barra con las palmas hacia el frente y la distancia del ancho de hombros..
b. Al estar colgado sube levanta el torso inclinándote levemente hacia atras
c. levanta tu torso hasta que la barra toca o está cerca de tocar la parte superior de tu pecho
d. Baja nuevamente y repite

Esquema de repeticiones:

***3 sets de 10-12 repeticiones cada uno puede ser difícil, pero no imposible. Debes ser capaz de hacer 2-3 repeticiones más hasta el décimo día después de ajustar el rango de repetición hasta que se cumplan tus parámetros, pero no cambies el número de sets.

Beneficios a tu salud:

+++Desarrollo, ++Elasticidad, +Resistencia

2. Flexión sobre la barra (espalda)

Cómo:
a. Sostén la barra con las palmas mirando hacia adentro
b. deja que la barra cuelgue ligeramente por debajo de la cintura o hasta que los brazos están completamente extendidos
c. dobla ligeramente las rodillas y dobla el torso hacia adelante asegurándote de que no quedar encorvado.
d. la cabeza debe quedar por delante y las piernas y el torso deben dibujar una L mientras la barra está colgada todavía
e. manteniendo el torso inmóvil, levantar la barra hacia el hoyo de su estómago
f. bajar la barra a la posición inicial

Esquema de repeticiones:

***3 sets de 10-12 repeticiones cada uno puede ser difícil, pero no imposible. Debes ser capaz de hacer 2-3 repeticiones más hasta el décimo día después de ajustar el rango de repetición hasta que se cumplan tus parámetros, pero no cambies el número de sets..

Beneficios a tu salud:

+++Desarrollo, ++Elasticidad, +Resistencia

3. Fila de reniegue (espalda)

Cómo:
a. Posiciona dos pesas rusas en el piso a la altura de los hombros
b. Acomódate como si fueses a hacer una flexión, con una pesa rusa en cada mano
c. Reailza el levantamiento con una mano, llevando el codo hacia arriba.
d. En el tope del movimiento, alínea las pesas como si estuvieses realizando un levantamiento de barra. (baja el pecho).
e. Repite con la otra mano.

Esquema de repeticiones:

***3 sets de 10-12 repeticiones cada uno puede ser difícil, pero no imposible. Debes ser capaz de hacer 2-3 repeticiones más hasta el décimo día después de ajustar el rango de repetición hasta que se cumplan tus parámetros, pero no cambies el número de sets.

Beneficios a tu salud:

+++Desarrollo, ++Elasticidad, +Resistencia

4. Línea de barra larga (espalda)

Cómo:
a. Pon las pesas en un solo lado de la barra
b. Con la barra en el suelo y entre las piernas, párate fleionado (posición de remo).
c. Toma la barra por el lado de las pesas con ambas manos
d. Sube el lado de la barra en línea hacia tu estómago.
e. Baja la barra a la posición a la posición inicial.

Esquema de repeticiones:

***3 sets de 10-12 repeticiones cada uno puede ser difícil, pero no imposible. Debes ser capaz de hacer 2-3 repeticiones más hasta el décimo día después de ajustar el rango de repetición hasta que se cumplan tus parámetros, pero no cambies el número de sets.

Beneficios a tu salud:

+++Desarrollo, ++Elasticidad, +Resistencia

5. Flexión de martillo (biceps)

Cómo:
a. Párate sosteniendo el peso en cada mano.
b. Enrolla el movimiento del bíceps hacia arriba, asegurando que las palmas miren hacia los muslos en el inicio.
c. Mantén un segundo el peso en el tope del movimiento
d. Baja el peso a la posición inicial

Esquema de repeticiones:

***3 sets de 10-12 repeticiones cada uno puede ser difícil, pero no imposible. Debes ser capaz de hacer 2-3 repeticiones más hasta el décimo día después de ajustar el rango de repetición hasta que se cumplan tus parámetros, pero no cambies el número de sets.

Beneficios a tu salud:

+++Desarrollo, ++Elasticidad, +Resistencia

6. Flexión con mancuernas (biceps)

Cómo:

a. Párate con una mancuerna en cada mano.
b. Realiza la flexion asegurándote de que tus palmas queden enfrentadas a ti.
c. Mantén un segundo el peso en el tope del movimiento
d. Baja el peso a la posición inicial

Esquema de repeticiones:

***3 sets de 10-12 repeticiones cada uno puede ser difícil, pero no imposible. Debes ser capaz de hacer 2-3 repeticiones más hasta el décimo día después de ajustar el rango de repetición hasta que se cumplan tus parámetros, pero no cambies el número de sets.

Beneficios a tu salud:

+++Desarrollo, ++Elasticidad, +Resistencia

7. Flexión con barra (biceps)

Cómo:
a. Sostén la barra con las palmas hacia afuera, a la altura de los hombros
b. Tus manos deben posicionarse a una distancia un poco más estrecha que tus hombros.
c. Realiza la flexion hacia arriba sosteniendo un Segundo en el tope de movimiento.
d. Baja el peso a la posición inicial.

Rep scheme:

***3 sets de 10-12 repeticiones cada uno puede ser difícil, pero no imposible. Debes ser capaz de hacer 2-3 repeticiones más hasta el décimo día después de ajustar el rango de repetición hasta que se cumplan tus parámetros, pero no cambies el número de sets.

Beneficios a tu salud:

+++Desarrollo, ++Elasticidad, +Resistencia

8. Flexión de martillo con cable (biceps)

Cómo:
a. Sujeta una cuerda a una polea y ajustala de la altura más baja.
b. Mantén dos pies de distancia de la polea
c. Toma la cuerda y enrolla el peso asegurando que los codos estén metidos
d. baja el peso a la posición inicial

Rep scheme:

***3 sets de 10-12 repeticiones cada uno puede ser difícil, pero no imposible. Debes ser capaz de hacer

2-3 repeticiones más hasta el décimo día después de ajustar el rango de repetición hasta que se cumplan tus parámetros, pero no cambies el número de sets.

Beneficios a tu salud:

+++Desarrollo, ++Elasticidad, +Resistencia

EJERCICIOS DE CUÁDRICEPS, ISQUIOTIBIALES Y PANTORRILLAS

Estos son los ejercicios que van a acondicionar tú la parte inferior de tu cuerpo.

1. Sentadillas (cuádriceps)

Cómo:
a. Siéntate en la máquina
b. Posiciona las piernas en la almohadilla
c. Extiende tus piernas soportando el peso y mantén por un segundo.
d. Baja el peso a la posición inicial

Esquema de repeticiones:

***3 sets de 10-12 repeticiones cada uno puede ser difícil, pero no imposible. Debes ser capaz de hacer 2-3 repeticiones más hasta el décimo día después de ajustar el rango de repetición hasta que se cumplan tus parámetros, pero no cambies el número de sets.

Beneficios a tu salud:

+++Desarrollo, ++Elasticidad, +Resistencia

2. Estocadas (cuádriceps)

Cómo:
a. Mantén la anchura de los hombros
b. la pierna derecha da un paso adelante, tanto como sea posible sin exagerar.
c. dobla la pierna izquierda hasta
que la rodilla izquierda está cerca de tocar el piso.
d. Mantén la postura
e. Repite con la pierna izquierda (la derecha se dobla)

Esquema de repeticiones:

***3 sets de 10-12 repeticiones cada uno puede ser difícil, pero no imposible. Debes ser capaz de hacer 2-3 repeticiones más hasta el décimo día después de ajustar el rango de repetición hasta que se cumplan tus parámetros, pero no cambies el número de sets.

Beneficios a tu salud:

+++Desarrollo, ++Elasticidad, +Resistencia

3. Sentadilla con barra alta (cuadriceps)

Cómo:
a. Párate con los pies a la altura de los hombros.
b. Sujeta la barra con ambos brazos a cada lado de la misma-anchura de los hombros (la barra debe estar a la altura de los hombros)
c. manteniendo la barra, colócate debajo de la misma reclinándola encima de tu trapecio.
d. levántate descansando todo el peso de la barra debajo de tu trapecio
e. Da un paso atrás y comienza a bajar flexionando las rodillas
f. Elévate nuevamente hasta la extensión completa de las piernas.

Esquema de repeticiones:

***3 sets de 10-12 repeticiones cada uno puede ser difícil, pero no imposible. Debes ser capaz de hacer 2-3 repeticiones más hasta el décimo día después de ajustar el rango de repetición hasta que se cumplan tus parámetros, pero no cambies el número de sets.

Beneficios a tu salud:

+++Desarrollo, ++Elasticidad, +Resistencia

4. Cuclillas (cuadriceps)

Cómo:
a. Parate con los pies tan juntos como sea posible sin que se toquen
b. Siéntate llevando tus caderas hacia atrás con los brazos extendidos frente a ti
c. Asegurate de mirar hacia arriba y hacia adelante y de tener la espalda recta
d. Ponte en posición recta nuevamente.

Esquema de repeticiones:

***3 sets de 10-12 repeticiones cada uno puede ser difícil, pero no imposible. Debes ser capaz de hacer 2-3 repeticiones más hasta el décimo día después de ajustar el rango de repetición hasta que se cumplan tus parámetros, pero no cambies el número de sets.

Beneficios a tu salud:

+++Desarrollo, ++Elasticidad, +Resistencia

5. Sentadilla frontal (cuádriceps)

Cómo:

a. Párate sosteniendo la barra con las manos al ancho de tus hombros
b . Coloca el peso en entre tu hombros y brazos
c . Levanta los brazos y crúzalos para que ellos y tus hombros formen un apoyo para la barra
d. Pónte en cuclillas hasta que tus cuádriceps estén paralelos al piso y la espalda siempre recta
e. Álzate nuevamente a la posición inicial

Esquema de repeticiones:

***3 sets de 10-12 repeticiones cada uno puede ser difícil, pero no imposible. Debes ser capaz de hacer 2-3 repeticiones más hasta el décimo día después de ajustar el rango de repetición hasta que se cumplan tus parámetros, pero no cambies el número de sets.

Beneficios a tu salud:

+++Desarrollo, ++Elasticidad, +Resistencia

6. Peso muerto de barra con pies quietos (isquiotibiales)

Cómo:
a. De pie con la espalda recta y los pies al ancho de los hombros
b. Toma la barra que está en el piso con las palmas hacia abajo.
c. Inclina el torso (desde la cintura arriba) hasta tomar la barra
d. Con la barra en las manos ponte erguido sin flexionar las rodillas
e. Inclínate nuevamente y repipte.

Esquema de repeticiones:

***3 sets de 10-12 repeticiones cada uno puede ser difícil, pero no imposible. Debes ser capaz de hacer 2-3 repeticiones más hasta el décimo día después de ajustar el rango de repetición hasta que se cumplan tus parámetros, pero no cambies el número de sets.

Beneficios a tu salud:

+++Desarrollo, ++Elasticidad, +Resistencia

7. Peso muerto (cuadriceps e isquiotibiales)

Cómo:
a. Mantente con la barra frente a ti a la altura de los hombros.
b. dobla las rodillas (adelante) y tomate de la barra con ambas manos.
c. Posa la barra en tus piernas.
d. Ahora debes mantenerte erguido con la barra en tus piernas
e. Suelta el peso y repite

Esquema de repeticiones:

***3 sets de 10-12 repeticiones cada uno puede ser difícil, pero no imposible. Debes ser capaz de hacer 2-3 repeticiones más hasta el décimo día después de ajustar el rango de repetición hasta que se cumplan tus parámetros, pero no cambies el número de sets.

Beneficios a tu salud:

+++Desarrollo, ++Elasticidad, +Resistencia

8. Flexión de tibia (isquiotibiales)

Cómo:
a. Recuéstate en la máquina
b. Coloca la parte superior de los tobillos en el cojín.
c. levanta las piernas y mantenlas presionadas durante un segundo
d. baja el peso y repite

Esquema de repeticiones:

***3 sets de 10-12 repeticiones cada uno puede ser difícil, pero no imposible. Debes ser capaz de hacer 2-3 repeticiones más hasta el décimo día después de ajustar el rango de repetición hasta que se cumplan tus parámetros, pero no cambies el número de sets.

Beneficios a tu salud:

+++ Resistencia, +++ estabilidad de núcleo

Ejercicios de abdominales (Núcleo)

Estos ejercicios pondrán en condiciones tu núcleo.

1. Pesa lateral -codo

Cómo:
a. De pie con los pies al ancho de hombre, sostén la mancuerna con dos manos.
b. Inclina el torso a un lado (cintura)
c. Repite del otro lado.

Esquema de repeticiones:

3x20 laterales de cada lado

Beneficios a tu salud:

+++Desarrollo, ++Elasticidad, +estabilidad de núcleo

2. Contracción con cable

Cómo:
a. Arrodíllate bajo una máquina de polea con una cuerda
b. Toma la cuerda con ambas manos
c. flexiona las caderas con el fin de involucrar tus abdominales y levantar el peso
d. Tira hacia abajo con la espalda
e. Retorna a la posición inicial

Esquema de repeticiones:

3x20 de cada lado

Beneficios a tu salud:

+++Desarrollo, ++Elasticidad, +estabilidad de núcleo

3. Giro Ruso con peso.

Cómo:
a. Sientate en el piso con las rodillas flexionadas.
b. .Asegúrate de que tu torso este recto haciendo una V con tus muslos.
c. Extiende tus brazos sosteniendo un peso y gira el torso a la derecha tanto como puedas.
d. Repite girando a la izquierda

Esquema de repeticiones:

***3 sets de 10-12 repeticiones cada uno puede ser difícil, pero no imposible. Debes ser capaz de hacer 2-3 repeticiones más hasta el vigésimo día después de ajustar el rango de repetición hasta que se cumplan tus parámetros, pero no cambies el número de sets.

Beneficios a tu salud:

++Resistencia, +++estabilidad de núcleo

4. Elevación de piernas

Cómo:
a. Acuéstate en el piso con las piernas rectas.
b. Coloca las manos junto a tus glúteos.
c. Levanta las piernas hasta hacer un ángulo de 90, sin doblar las piernas (las manos en el suelo te ayudarán con la estabilidad contra el suelo)

Esquema de repeticiones:

***3 sets de 10-12 repeticiones cada uno puede ser difícil, pero no imposible. Debes ser capaz de hacer 2-3 repeticiones más hasta el vigésimo día después de ajustar el rango de repetición hasta que se cumplan tus parámetros, pero no cambies el número de sets.

Beneficios a tu salud:

++Resistencia, +++estabilidad de núcleo

5. Contracción

Cómo:
a. Acuéstate en el piso hacia arriba
b. Dobla las rodillas de modo que formen un ángulo de 90º
c. Levanta el torso hacia arriba sin sentarse completamente

Esquema de repeticiones:

***3 sets de 40 repeticiones cada uno puede ser difícil, pero no imposible. Debes ser capaz de hacer 2-3 repeticiones más hasta el 40mo día después de ajustar el rango de repetición hasta que se cumplan tus parámetros, pero no cambies el número de sets.

Beneficios a tu salud:
+++ Resistencia a, +++ estabilidad de la base

6. Levantamiento en tabla

Cómo:
a. Colócate en una posición de lagartija
b. Baja a la mitad de la flexión pectoral
c. Mantén la posición

Esquema de repeticiones:

***3 sets de 60 segundos. Cada serie puede ser difícil, pero no imposible. Ajusta el tiempo pero no el número de repeticiones.

Beneficios para la salud:

+++ Resistencia ++ Core estabilidad

7. Falso molino

Cómo:
a. Recuéstate boca arriba y eleva las piernas para formar un angulo de 90º.
b. Mantén la posición
 Esquema de repeetición:

***3 series o sets de 60 segundos.

Beneficios para la salud:

+++ Resistencia ++ Core estabilidad

8. Contracción de bicicleta

Cómo:
a. Acuéstese boca arriba con las manos detrás de la cabeza.
b. dobla las piernas para que queden en un ángulo de 90 grados
c. lleva la rodilla derecha hacia el codo izquierdo y tócale de ser posible.
d. Repite el procedimiento con la rodilla izquierda.

Esquema de repeticiones:

***3 sets de 10-12 repeticiones cada uno puede ser difícil, pero no imposible. Debes ser capaz de hacer 2-3 repeticiones más hasta el vigésimo día después de ajustar el rango de repetición hasta que se cumplan tus parámetros, pero no cambies el número de sets.

Beneficios a tu salud

+++Elasticidad, +++Resistencia

Ejercicios cardiovasculares

Estos ejercicios deberás hacerlos antes de cada trabajo de intensidad moderada.

1. Entrenamiento de intensidad moderada (HIT) sprints

Cómo:

La idea es realizar 8 x 30 segundos por sprint a máxima intensidad con 2 minutos de descanso intermedio en cada uno.
Beneficios a tu salud:

++ Fuerza, +++Recuperación, +++Velocidad

2. Sprint con empinación (HIT)

Cómo:

La idea es realizar 5 x 10-30 segundos de sprint en una colina o en una superficie inclinada con 2 minutos de descanso entre cada uno.
Beneficios a tu salud:

++ Fuerza, +++Velocidad

GLOSARIO

Recuperación activa: descansando los músculos mientras estamos activos, para que el flujo de sangre acelere la recuperación.

Biceps: músculo del brazo (región interna)

Dorsal: músculo del hombro

Trpecio: músculos trapezoides (bajo el cuello)

Desarollo: crecimiento muscular

Resistencia: La habilidad de producir desgastes por largos periodos de tiempo.

Fallo: La imposibilidad de continuar, el sentimiento de estar exhaustos.

Fuerza: la capacidad de producir más energía en la menor cantidad de tiempo

Cuadriceps: músculos del cuádriceps (región externa del muslo)

Isquitobiliaes: músculos de tibia y peroné (región interna)

Rendimiento: la capacidad para levantar cargas más altas para la misma serie.

Tríceps: músculos de los brazos (región externa)

CAPÍTULO 3: RECETAS DE DESAYUNOS HIPERPROTÉICOS PARA EL CRECIMIENTO DE MASA MUSCULAR

Esta sección te proporcionará recetas específicas para que puedas preparar con el propósito de incrementar tu consumo de proteínas. Puedes aumentar la cantidad de las porciones y de las proteínas así como el orden de las comidas, si resultase necesario.
Por ejemplo, si prefieres una receta específica de cena en lugar del menú de almuerzo, y luego de completar las tres comidas, añadir un batido de proteína justo después de estas recetas.

Las recetas de postre que aquí se presentan corren por tu decisión el incluirlas o no en tu dieta. Recuerda que para mejores resultados debes tener al menos 5 comidas al día y añadir un batido de proteína.

Asegúrate de beber mucha agua para ayudar a tu digestión a procesar las altas cantidades de proteína que se consumes. Dependiendo de tu estilo de vida y de la cantidad de cardio que incluyas en tu entrenamiento, esto puede variar de 10 a 16 vasos de agua.

Receta de desayuno 1
Waffles de ricota y duraznos

Este maravilloso desayuno, fácil de preparar y rico en proteínas, te mantendrá lleno durante horas y proporcionará toda la energía necesaria durante el día. El queso ricotta es una maravillosa fuente de proteínas y calcio.

Ingredientes:
Galleta integral
1 durazno en rodajas
½ taza de queso ricotta descremada

Preparación:
Unta la galleta con queso y durazno en rodajas.
Cal: 300
Proteína: 15g
Grasa: 13g
Carbohidratos: 38g
Fibra: 6g

Receta de desayuno 2
Ensalada de manzana, queso y canela

No hay nada como un desayuno saludable y dulce para empezar el día con. Si no te gusta la canela, incluye cualquier otra especia. El queso Cotagge te ayudará a eliminar la grasa y las obstrucciones arteriales, además de estar lleno de proteínas.

Ingredientes:
¾ de taza de queso cottage descremado
1 manzana en rodajas
Canela

Preparación:
Simplemente Espolvoree el queso y la canela sobre la manzana en rodajas.
Calorías: 250
Proteína: 25g
Grasas: 2g
Carbohidratos: 36
Fibra: 6

Receta de desayuno 3
Desayuno clásico BLT

Esta es la versión clásica y más saludable de bocadillos. Está repleto de proteínas que te darán suficiente energía para tu rutina de ejercicios por la mañana.

Ingredientes:
Mollete Inglés de grano entero
Mayonesa baja en grasa
4 rebanadas de tocino canadiense o tocino de pavo
Lechuga
Tomate en rodajas

Preparación:
Utilice el mollete como base y superior de cada mitad con una extensión unta la mitad de cada una con mayonesa, una rebanada de tocino, lechuga y tomate en rodajas.
Calorías: 205
Proteína: 16g
Grasas: 4g
Carbohidratos: 30g
Fibra: 3g

Receta de desayuno 4
Yogur griego con fruta

Si eres de los que siempre desean algo de yogur, ten en cuenta que la versión griega tiene dos veces más proteína que la versión tradicional. Es por eso que debe ser parte de tu hábito de dieta rica en proteínas, por la mañana.

Ingredientes:
6 onzas de yogur griego
1 cucharada sopera de frutos secos, cualquier tipo tostado y picado.
1-2 cucharadas de cereales integrales
½ plátano
½ taza de bayas
1 naranja

Preparación:
Colocar sobre el yogurt todos los ingredientes y mezclar. Usa la naranja a un lado.
Calorías: 260
Proteína: 22g
Grasa: 5g
Carbohidratos: 38g
Fibra: 3g

Receta de desayuno 5
Scramble occidental rico en proteínas

Este es un desayuno que se puede preparar el domingo y comer durante toda la semana. Es
perfecto para mañanas muy ocupadas y podrás saciarte con 40 gramos de proteínas para construir mayor musculatura.

Ingredientes:
5 tazas de huevos batidos
1 taza de queso cheddar
8 oz. De jamón de bajo contenido de sodio, picado.
1 taza de cebolla picada
1 Chile poblano en cuadritos
1 cucharada de aceite de oliva
5 manzanas

Preparación:
Añadir aceite a una sartén sobre fuego medio.
Una vez que el aceite este caliente, añadir los pimientos y cebollas. Saltear hasta que la cebolla se aclare. Combinar los huevos batidos, el jamón, el queso y los pimientos y cebollas. Deja enfríar, revuelve la mezcla y toma una porción y colocala en un bol apto para microondas. Cocinalo por dos minutos, revuelve y luego cocínalo durante otros 30 segundos. Sírvelo con manzana.
Calorías: 418
Grasa: 13g
Carbohidratos: 35g
Fibra: 6g

Proteínas: 40g

Receta de desayuno 6
Jamón y huevo de un minuto.

Este tazón de desayuno simple, pero muy sano, te mantendrá lleno hasta el almuerzo. Se recomienda servir bien caliente.

¿Quién hubiera pensado que un plato clásico como este podía ayudar al crecimiento de tu masa muscular?

Ingredientes:
1 jamón de deli rebanado fino
1 huevo batido
Queso Cheddar rallado

Preparación:
Forre el fondo de la taza de crema con jamón. Luego vierte el huevo sobre el jamón. Lleva a microondas por 30 segundos y luego revuelve. Cocina en microondas por 15 aa 30 segundos más. Cubre con queso y sírvelo caliente.
Calorías: 133
Grasa total: 8 g
Sodio: 420 mg
Carbohidratos: 2 g
Proteína: 12 g

Receta de desayuno 7
Desayuno de huevo y tocino

Otra receta de huevo, muy sana, para mantenerte satisfecho hasta la hora del almuerzo. La mayoría de la gente disfruta de cada ingrediente, así que no hay ninguna razón para que no sea parte de tu rutina matinal.

Ingredientes:
2 huevos
2 cucharadas de leche o agua
Sal y pimienta
3 cucharaditas de mantequilla
4 rebanadas de pan integral
2 lonchas queso
4 rodajas de tocino cocido

Preparación:
Batir los huevos, la leche, la sal y pimienta. Calentar 1 cucharadita de mantequilla a fuego medio hasta que caliente. Vierte la mezcla de huevo. Despega suavemente los huevos de la sartén con una espátula, formando una gran cuajada. Sigue haciéndolo hasta que se espese. Retirar de la sartén. Coloca dos cdtas de mantequilla en los lados de una rebanada de pan y lleva dos de estas rodajas a la sartén, con la manteca hacia abajo. Cúbrelas con el revuelto y coloca otra capa de pan por encima (untado de mantequilla. Lleva los sándwiches a la parrilla hasta que el queso derrita y el pan quede tostado.
Calorías: 408
Grasas: 23 g

Colesterol: 239 mg
Sodio: 698 mg
Hidratos de carbono: 24 g
Fibra alimenticia: 4 g
Proteína: 23 g

Receta de desayuno 8
Batido de bayas

No hay nada más sabroso que un dulce desayuno temprano en la mañana. Tarda sólo 2 minutos para prepararse y te mantendrá lleno durante horas.

Ingredientes:
¾ taza de leche descremada
½ banana
6 onzas de yogurt griego desnatado
¾ frutos, frescos o congelados
Cubitos de hielo

Preparación:
Mezclar todos los ingredientes en una licuadora hasta que quede suave. Disfrutar.
Calorías: 265
Proteína: 25 g
Grasas: 1 g
Carbohidratos: 40 g
Fibra: 4 g

Receta de desayuno 9
Omelet Jardín vegado

Este colorido plato está lleno de proteínas y es muy baja en grasas. Es fácil de hacer y puedes sustituir verduras con frutas o viceversa.

Ingredientes:
Tortilla con 1 huevo y 2 a 3 claras de huevo
Puñado de espinacas, pimientos, setas, calabacín, cebollas y tomates
Condimentos
Albahaca
Pan tostado de grano entero
Almendras, anacardo o mantequilla de maní

Preparar la tortilla y luego añadir las verduras, albahaca picada y condimentos. Disfrutar con un brindis y almendras, anacardo o mantequilla de maní, grasa saludable.

Calorías: 280
Proteína: 27 g
Grasas: 9 g
Carbohidratos: 26 g
Fibra: 5 g

Receta de desayuno 10
Batido reemplazante de desayuno

Este batido es tu mejor amigo después de una rutina de entrenamiento riguroso. Si quieres reducir la grasa, quítale la mantequilla de maní.

Ingredientes
½ banana pipcada
1/2 taza de fresas picadas
1 manzana
1 ciruela
2 cucharadas de germen de trigo
1 taza de leche descremada
Opcional: 1 cucharada de mantequilla de maní

Preparación:
Pon la banana picada, la manzana, fresas y ciruelas en una licuadora. Agrega leche descremada en polvo y germen de trigo. Agrega la mantequilla de mani (opcional). Coloca un par de cubos de hielo en la licuadora. Servir.
Calorías: 705
Grasas: 21,3 g
Sodio: 177,1 mg
Carbohidratos totales: 101,8 g
Fibra dietética: 22,8 g
Proteínas: 43,2 g

Receta de desayuno 11
Desayuno Pita, 10 miutos.

Es fácil de hacer y muy saciador! De sabor delicioso y repleto de proteínas.

Ingredientes:
Jalapeños en rodajas
Una pita
5 pulverizaciones del spray de mantequilla
2 rebanadas de queso descremado americano
Tomate en rodajas
Un huevo grande

Preparación:
Rocía la pita en ambos lados con mantequilla. Cocina los huevos en la parte superior. Pon los jalapeños, el tomate y 1 rebanada de queso y termina con una capa de pita. Hornea en tostadora en 400 durante 10 minutos.
Calorías: 240.1
Grasa total: 6,1 g
Colesterol: 212,5 mg
Sodio: 339,8 mg
Carbohidratos totales: 29,8 g
Fibra: 9,3 g
Proteínas: 23,5 g

Receta de desayuno 12
Tortitas de desayuno

Hay versiones muy saludables de panqueques, y esta es una de esas. Rápido y fácil de hacer, te dará energía suficiente para, incluso, el más agotador entrenamiento.

Ingredientes:
1 recipiente de yogurt griego sin grasa
6 claras de huevo
2/3 taza avena
3 cucharaditas de azúcar
1 cucharada sin azúcar de cacao en polvo

Preparación:
Mezcla los huevos y el yogur. Mezclar la harina de avena con cacao en polvo. Rocía el pan con spray antiadherente y la capa de la cacerola. Cuando veas burbujas arriba, voltea la tortilla.

Calorías: 35.5
Grasa total: 0,3 g
Colesterol: 0,0 mg
Sodio: 37,1 mg
Carbohidratos totales: 6,5 g
Fibra: 0,9 g
Proteína: 23,8 g

CAPÍTULO 4: RECETAS DE ALMUERZOS HIPERPROTÉICAS PARA EL CRECIMIENTO DE MASA MUSCULAR

Receta de almuerzo 1
Chicken Vegetable Casserole

Esta es la versión más saludable de un gran y agradable almuerzo tradicional. Todo es fresco y saludable, así que no hay necesidad de sopas instantáneas o salsas.

Ingredientes:
12 oz de pechugas de pollo cocidas y en dados
2 T harina
2 T de mantequilla
10 onzas de leche descremada
Pimienta blanca
1 aderezo italiano
1 T de queso parmesano rallado
Penne Rigatte a 7 oz
2 pimientos amarillo o naranja picados
1 calabacín picado
2 cabezas de brócoli picado,
1/3 taza queso de Monterey
Aerosol de cocina antiadherente

Preparación:
Coloca la mantequilla en una olla pequeña de salsa precalentada a fuego mediano. Una vez que la

mantequilla haga espuma, añade la harina y remueve durante 1 minuto. Agrega la leche y sigue revolviendo hasta que esté burbujeando. Reduce el calor y cocina a fuego lento durante 10 minutos. Añade pimienta, condimentos y queso. Revuelve para combinar. Cocina la pasta según las instrucciones del paquete. PRECALIENTA el horno a 350 grados. Durante el último minuto de cocción de la pasta, agregar el brócoli al agua. Permite que hierva a fuego lento.

Escurre la pasta y el brócoli. Rocía el fondo y los lados de un plato de horno de 9 X 13 con aerosol de cocina antiadherente.

En un bol, combina la pasta y el brócoli con el pollo y las verduras; cubre con la salsa. Coloca en el plato de hornear. Espolvorea con el queso de Monterey y cubre con papel de aluminio.

Hornea durante 20 minutos; Retira el envoltorio y hornea hasta que el queso se haya derretido.
Calorías: 320.6
Grasa total: 8,9 g
Colesterol: 51,8 mg
Sodio: 175,3 mg
Carbohidratos totales: 36,1 g
Fibra dietética: 8,8 g
Proteína: 27,9 g

Receta de almuerzo 2
Tortas de pollo BBQ

Esta receta familiar es ideal para días calurosos de verano y está repleto de proteínas. Si tienes antojo de pizza, pero también deseas mantenerte en buena forma, este es un gran sustituto.

Ingredientes:
2 panes
1 cebolla roja en rodajas
1 pimiento morrón amarillo o rojo, en rodajas
Pizca de pimienta negra
12 onzas Pechuga de pollo sin piel deshuesado
1/4 taza de salsa de barbacoa
1 cucharada de jugo de piña
1/4 taza de piña
1/4 taza de queso Monterey Jack rallado
2 rebanadas de tocino canadiense picado

Preparación:
Precalienta la parrilla a 500 grados Fahrenheit.
Coloca las cebollas y los pimientos sobre una hoja grande de papel de aluminio resistente, luego espolvorea con pimienta.
Cubre ambos lados del pollo con spray de cocina.
Coloca las verduras y el pollo a la parrilla. Cocina el pollo tres o cuatro minutos por cada lado.
Retira el pollo y las verduras a la parrilla, luego baja el fuego a 400 grados Fahrenheit.

Corta el pollo en trozos pequeños. Añade las verduras a la brasa, jugo de piña y salsa de barbacoa a una licuadora. Coloca los panes en una piedra de pizza. Extiende 1/2 taza de salsa sobre cada pan plano y cubre con el pollo, queso, piña, tocino y lleva a la parrilla. Cocínalo durante 10 minutos, hasta que el queso se haya derretido.
Retira del fuego.

Calorías: 233.4
Grasa total: 5,1 g
Colesterol: 61,5 mg
Sodio: 234,2 mg
Carbohidratos totales: 21,4 g
Fibra dietética: 2,9 g
Proteína: 25,8 g

Receta de almuerzo 3
Cazuela mexicana

Este es uno de los favoritos de la familias! Es saludable, picante y lleno de proteínas.

Ingredientes:
1 sopa crema de hongos en lo posible sin grasa
1 sopa de pollo crema libre de grasa
2 vasos de agua
1 lata de frijoles negros enjuagados y drenados
1 lata de tomates en cuadritos
1 1/2 c de arroz instantáneo
1 pizca de condimento para tacos
Cilantro y cebollas verdes picadas
3 libras congelados de pechugas de pollo deshuesadas y sin piel
1 taza de queso cheddar rallado

Preparación:
Precalentar el horno a 350.
Cubrir una cazuela 13 x 9 pulgadas con aerosol de cocina. En un bol, bate la sopa, el agua y el sazonador de tacos, luego vierte en el plato. Espolvorea el arroz, luego coloca las pechugas de pollo (todavía congeladas) en la parte superior.
Vierte los frijoles y tomates sobre el pollo, Espolvorea la cebolla verde y cilantro.
Cubre con papel de aluminio y hornea por 1 hora y 40 minutos.

Retira el envoltorio, espolvorea queso rallado encima para derretir y hornear otros 10 minutos.
Calorías: 269,9
Grasa total: 5,1 g
Colesterol: 79,3 mg
Sodio: 546,4 mg
Carbohidratos totales: 19,3 g
Fibra dietética: 3,8 g
Proteína: 34,4 g

Receta de almuerzo 4
Chile veganos ricos en proteínas

No hay ninguna razón para que las comidas veganas aburran. Este maravilloso Chile es libre de lácteos y carne, pero sabe delicioso.

Ingredientes:
4 latas de salsa de tomate
1 lata de frijoles pintos
1 cebolla de Vidalia en cubos
Un paquete de crumbles
1 trozo de chocolate 72% cacao
2 cucharadas de Chile en polvo
1 cda de pimienta negra
0,5 cucharadita canela
0,5 cucharadita nuez moscada

Preparación:
En una cacerola antiadherente saltea las migajas y la cebolla picada hasta que la cebolla esté suave. Luego, combina todos los ingredientes en una olla y cocina en fuego alto por 3 horas, luego cambia a bajo hasta que esté listo para servir.

Calorías: 348.2
Grasa total: 3.0 g
Colesterol: 0,0 mg
Sodio: 2.408,5 mg
Carbohidratos totales: 44,7 g
Fibra dietética: 18,6 g
Proteína: 56,9 g

Receta de almuerzo 5
Sopa de frijoles blancos

Esta receta simple y fácil para el almuerzo de verano tiene 80 gramos de proteína. Es deliciosa y se puede hacer con casi cualquier cosa que puedas encontrar en la nevera.

Ingredientes:
2 pechugas de pollo sin piel, sin huesos y cortadas en trozos pequeños
2 zanahorias en rodajas
7 tallos de apio en rodajas
1 cebolla grande cortada en cubos
1/4 c frijoles secos de
1/4 c garbanzos secos de
1/4 c cebada de perla cruda y seca
1/4 c de arroz crudo
1/4 de arroz salvaje crudo (sin cocer)
1/4 c de cereal
1/4 c quinoa cruda
Sal, pimienta y perejil al gusto
Agua

Preparación:
Añade 2 tazas de agua a una olla de sopa. Agrega los otros ingredientes y ponlo a fuego alto para empezar a hervir. Agrega más agua para llenar la olla. Lleva a ebullición. Pon la tapa y lleva a fuego lento y fuerte. Retira la tapa y revuelve. Si el agua se consume, agrega más agua para volver a subir el nivel.

Continuar la cocción hasta que se cocinen todos los frijoles. Esto debe tomar alrededor de 3 horas.

Calorías: 116
Grasa total: 1,9 g
Colesterol: 21 mg
Sodio: 70 mg
Total carbohidratos: 15 g
Fibra: 3 g
Proteína: 10,9 g

Receta de almuerzo 6
Ensalada Mexicana de atún

Cuando estás en apuro y se te antoja una comida fresca. Esta increíble ensalada es saludable y llena de proteínas para ayudar aumentar tu masa muscular.

Ingredientes:
1 cebolla grande picada
2 tomates grandes
1 manojo de cilantro
400 gramos de atún
Jugo de 1 limón
Preparación:
Pica la cebolla y cúbrelas en agua salada. Déjalas reposar 30 minutos. Después de que se hayan empapado, escurre y enjuaga con agua corriente.

Pica los tomates y el cilantro y mezcla con las cebollas. Exprime el zumo sobre la mezcla. Abre y drenar la lata de atún y agregar a la mezcla. Pon los pedazos de atún en trozos de poco tamaño y mezcla los ingredientes.
Calorías: 308.8
Grasa total: 2,5 g
Colesterol: 60,0 mg
Sodio: 695,3 mg
Carbohidratos totales: 18,5 g
Fibra dietética: 4,3 g
Proteína: 53,7 g

Receta de almuerzo 7
Peces mediterráneos

Añade algo de sabor del mar con este bello pez al horno. Está hecho con ingredientes que reducen la grasa, para que puedas disfrutar sin parar.

Ingredientes:
2 cucharadita de aceite de oliva
1 cebolla grande en rodajas
1 lata de tomates enteros, escurridos y picados gruesos
1 hoja de laurel
1 diente picado de ajo
3/4 taza de jugo de manzana
1/2 taza de jugo de tomate reservado
1/4 taza de jugo de limón
1/4 taza de jugo de naranja
Cáscara de naranja rallada fresca 1 cucharada
Semillas de hinojo 1 cucharadita aplastado
Triturado de 1/2 cucharadita orégano seco
Triturado de 1/2 cucharadita tomillo seco
Triturado de 1/2 cucharadita albahaca seca
Pimienta negra a gusto
1 libra de filetes de pescado

Preparación:
Calienta el aceite en una sartén. Agrega la cebolla y saltea hasta que estén suaves. Añade todos los ingredientes restantes excepto el pescado. Hierve destapado por 30 minutos. Coloca los peces de 10 x 6 minutos en horno;

cubre con la salsa. Hornea a 375 F unos 15 minutos hasta que el pescado se desmenuce fácilmente.
Calorías: 225.5
Grasa total: 4.4 g
Colesterol: 77,5 mg
Sodio: 277,0 mg
Carbohidratos totales: 17,3 g
Fibra dietética: 2,5 g
Proteínas: 29,4 g

Receta de almuerzo 8
Pollo marroquí

Casi sin grasa, este pollo tradicional marroquí es tan saludable que se siente! No hay casi ningún esfuerzo en hacerlo, por lo que es una delicia para los días ocupados.

Ingredientes:
2 tazas de zanahorias picadas
1.5 tazas de lentejas secas
2 mitades de pechuga de pollo deshuesada y sin piel
2 cucharadas de ajo picado
3/4 cucharadita de sal
3/4 de cucharadita de cúrcuma
1/2 cucharadita de Cayena
1/2 cucharadita canela
4 tazas de caldo de pollo libre grasa

Preparación:
Coloca todos los ingredientes en la olla. Tapa y cocina durante 5 horas.

Calorías: 355
Grasa total: 2 g
Colesterol: 87 mg
Sodio: 763 mg
Total carbohidratos: 32 g
Fibra dietética: 16 g
Proteína: 49 g

Receta de almuerzo 9
Pechugas de pollo marinadas

Este es el favorito de los niños. Las pechugas marinadas pueden ser congeladas y luego descongeladas para comer cuando quieras!

Ingredientes:
1 c suero
Mostaza de Dijon 1 cucharada
1 cucharada miel
1 cucharada de romero fresco
1/2 cucharadita de tomillo seco
1/2 cucharadita de salvia seca
1/2 cucharadita de mejorana seca
1/2 cucharadita pimienta
1 cucharadita de sal
8 pechugas de pollo

Preparación:
Mezcla el suero de leche, mostaza, miel y especias y vierte sobre las pechugas de pollo en una bolsa de congelador. Ásalas a fuego medio hasta que los jugos salgan claros.
Calorías: 282.8
Total grasas: 3,2 g
Colesterol: 138,1 mg
Sodio: 521,5 mg
Carbohidratos totales: 3,9 g
Fibra dietética: 0,1 g
Proteína: 55,6 g

Receta de almuerzo 10
Ensalada de atún alubias blancas

Esta es una refrescante manera de cambiar la imagen de tu ensalada de atún. Hecha con tomates y pepino, es un maravilloso almuerzo ligero y repleto de proteína.

Ingredientes:
2 latas de atún en agua
1 lata de frijoles o garbanzos
1 pimiento rojo en cuadritos
1/4 taza cebolla roja cortada en cubos de
1 cucharada de aceite de oliva
Zumo de 1 limón
Perejil, tomate, pepino

Preparación:
Mezclar todo y enfriar en la nevera durante al menos 4 horas. Servir sobre un lecho de verdes con tomates y pepino.
Calorías: 219.1
Grasa total: 4.1 g
Colesterol: 24,7 mg
Sodio: mg 421,6
Carbohidratos totales: 20,4 g
Fibra dietética: 6,1 g
Proteína: 27,6 g

Receta de almuerzo 11
Pastel de carne de pavo

El Pastel de carne es una comida de almuerzo muy querida por todas las generaciones. Sin embargo, aquí te damos una versión saludable de un pastel de carne que es irresistible.

Ingredientes:
2 libras de pavo molido
1-paquete de relleno
1 huevo grande
1/2C. Agua filtrada
1 / 4c. Salsa de tomate

Preparación:
PRECALIENTA el horno a 350 grados. Mezcla todos los ingredientes, pero omite c 1/8. Salsa de tomate. Hacer un pan y colocar en una fuente para horno. Unta el tope con la salsa de tomate restante y hornea a 350 grados por 45-55 minutos.
Calorías: 220.6
Grasa total: 2,7 g
Colesterol: 72,1 mg
Sodio: 445,2 mg
Carbohidratos totales: 13,3 g
Fibra: 0,4 g
Proteína: 28,5 g

Receta de almuerzo 12
Pollo criollo fácil de hacer

Este plato tradicional del Sur no tiene grasas añadidas, y es súper fácil y rápido de hacer.

Ingredientes:
Aerosol de cocina antiadherente
4 mitades de pechuga de pollo mediana, peladas, deshuesadas y cortadas en tiras
1 lata (14 onzas) de tomates
1 taza de salsa de Chile baja en sodio
1-1/2 tazas de pimientos
1/2 taza de apio
1/4 taza de cebolla picada
2 dientes de ajo picado
1 cucharada de albahaca fresca
1 cucharada de perejil fresco
1/4 cucharadita de pimiento rojo
1/4 cucharadita de sal

Preparación:
Rocía una sartén con antiadherente. Calienta a fuego alto. Cocina revolviendo el pollo, de 3-5 minutos. Reduce el calor. Añade los tomates y el jugo, la salsa de ají, pimiento verde, apio, cebolla, ajo, albahaca, perejil, pimiento rojo y sal. Lleva a ebullición; reduce el calor y cocinar a fuego lento durante 10 minutos. Sirve sobre arroz cocido caliente o pasta.
Calorías: 255,4
Grasa total: 4.5 g

Colesterol: 77,0 mg
Sodio: 652,4 mg
Carbohidratos totales: 20,7 g
Fibra dietética: 4,3 g
Proteína: 33,3 g

CAPÍTULO 5: RECETAS DE CENAS HIPERPROTÉICAS PARA EL CRECIMIENTO DE MASA MUSCULAR

Receta de cena 1
Ensalada de frijoles

Esto es mucho más que una ensalada. Es perfecta para cenas en las que puedes planificar con antelación.

Ingredientes:
6 tiras de tocino
3 latas de 15,5 onzas de frijoles cannellini, enjuagados
3 cucharadas de vinagre de sidra de manzana
3 cucharadas de aceite de oliva
3 cucharadas de mostaza de grano entero
Sal kosher y pimienta negra
3 cucharadas de cebollin fresco picado
Cocina el tocino en una sartén grande a fuego medio hasta que esté crujiente; cubre y reserva a temperatura ambiente. Mezcla los frijoles, el vinagre, el aceite y la mostaza y condimenta con ½ cucharadita sal y pimienta cada una. Refrigera por 8 horas. Antes de servir, mezcla con el cebollín y tocino.

Calorías 138
Grasas 7 g
Grasa SAT 1 g
Colesterol 5 mg
Sodio mg 416

Proteína 5 g
Carbohidratos 13 g
Azúcar 0 g
Fibra 3 g
Hierro 1 mg
Calcio 28 mg

Receta de cena 2
Chuletas de pavo con pimientos y frijoles

Esta receta es para una cena agradable en familia ya que recompone todas las proteínas gastadas durante el día!

Ingredientes:
2 cucharadas de aceite de oliva
8 chuletas de pavo (aproximadamente 1 1/2 libras), aplastadas
Sal kosher y pimienta negra
2 pimientos medianos en rodajas finas
2 chalotas grandes, rebanadas
1 lata de 15.5 onzas de frijoles cannellini, enjuagados
1/2 taza descarozadas de aceitunas Kalamata
1/2 taza de hojas de perejil fresco de hoja plana
Vinagre de vino rojo 1 cucharada

Calienta 1 cucharada de aceite en una sartén grande sobre fuego medio. Sazona el pavo con ¼ cucharadita de sal y pimienta negra. Trabajando en 2 lotes, cocina el pavo hasta que a punto, 2 a 3 minutos por cada lado.
Calienta una cucharada de aceite en una sartén grande por unos segundos sobre fuego medio-alto. Añade los pimientos, chalotas, ½ cucharadita de sal y ¼ de cucharadita de pimienta. Cocina hasta que ablande, 5 a 7 minutos. Añade los frijoles, aceitunas, perejil y vinagre a la sartén y mezcla. Sirve el pavo con la mezcla de verduras.

414 calorías
Grasa 20 g
Grasa SAT 5 g

Colesterol 97 mg
Sodio mg 755
Proteínas 40 g
Carbohidratos 16 g
Azúcar 2 g
Fibra 4 g
Hierro 3 mg
Calcio magnesio 79

Receta de cena 3
Bistec con tomate de la sartén

Vamos a admitirlo, todos amamos al filete. Es tan delicioso, que derretirá cada papila gustativa de forma única.

Ingredientes:
Sal kosher y pimienta negra
3 cucharadas de aceite de
2 tiras de filetes (1 pulgada de espesor, de 1 1/2 libras en total)
2 tomates uva
1/4 taza de hojas de orégano fresco
1 libra de ejotes, recortados
2 dientes de ajo, finamente rebanados
1/4 a 1/2 cucharadita pimiento rojo triturado

Pon una olla grande de agua salada a hervir. Calienta 2 cucharadas de aceite en una sartén sobre fuego medio alto. Sazona los filetes con sal ½ cucharadita y ¼ de cucharadita de pimienta y cocina al punto deseado por cada lado. Deja reposar durante 5 minutos antes de rebanarlo.

Limpia el sartén y agrega 1 cucharadita de aceite a fuego medio alto. Añade los tomates y ¼ de cucharadita de sal y pimienta negra a cada uno. Cocina hasta que se empieza a ablandar, 4 a 6 minutos. Integra el orégano.

Mientras tanto, cocina las judías verdes hasta que estén tiernas, 3 a 4 minutos y luego escúrrelas. Limpia la olla y pon el ajo en las 3 cucharadas restantes de aceite sobre fuego medio, revolviendo, hasta que esté fragante, 1 a 2 minutos. Añade los frijoles, ½ cucharadita de sal y ¼ de cucharadita de pimienta y mezcla. Espolvorea con el pimentón y sirve con la carne y los tomates.

325 calorías
Grasas 13 g
Grasa SAT 4 g
Colesterol 74 mg
Sodio mg 863
Proteínas 37 g
15 g de carbohidratos
Azúcar 4 g
6 g de fibra
Hierro 4 mg
Calcio 86 mg

Receta de cena 4
Enchiladas de frijoles y espinacas

Añade algo del espíritu mexicano con esta receta veraniega!

Ingredientes
1 lata de frijoles negros 15,5 onzas
1 paquete de 10 onzas de espinacas picadas
1 taza de maíz
1/2 cucharadita de comino molido
8 onzas de chedar
Sal kosher y pimienta negra
2 frascos de 16 onzas de salsa
8 tortillas de maíz de 6 pulgadas, calientes
1 lechuga cabeza mediana
4 rábanos, cortados
1/2 taza de uva tomate
1/2 pepino, en rodajas
3 cucharadas de jugo de limón fresco
2 cucharadas aceite de oliva
Cebolla de verdeo en rodajas

En un tazón mediano, pon la mitad de los granos. Agrega la espinaca, maíz, comino, la taza de queso Cheddar, frijoles restantes, ½ cucharadita de sal, ¼ de cucharadita de pimienta y mezcla para combinar.

Extiende el tarro de salsa en el fondo de una olla en cocción lenta. Divide uniformemente, esparce por arriba la mezcla de frijoles en las tortillas y coloca el lado de cierre de los rollos en una sola capa en la olla de cocción lenta. Cubre con la salsa restante y el queso Cheddar.

Tapa y cocina hasta que caliente, en fuego bajo de 2½ a 3 horas.

Antes de servir, mezcla la lechuga, rábanos, tomates y pepino en una ensaladera con el jugo de limón, aceite y ½ cucharadita de sal y pimienta. Sirve con las enchiladas y espolvorea con la cebolla de verdeo.

576 calorías
Grasas 28 g
Grasa SAT 11 g
Colesterol 61 mg
Sodio mg 2.457
Proteínas 28 g
60 g de carbohidratos
10 g de azúcar
12 g de fibra
Hierro 4 mg
Calcio mg 621

Receta de cena 5
Tortilla española con patatas y chorizo

Esta maravillosa tortilla puede ser el desayuno o la cena. De cualquier manera, está llena de nutrientes y buen sabor!

Ingredientes:
3 cucharadas de aceite de oliva extra virgen
1 cebolla amarilla grande
Chorizo español 2 onzas, cortados en medias lunas delgadas
3/4 de libra de papas
Sal kosher y pimienta
3/4 taza perejil, picado
10 huevos grandes batidos
1 taza de Cheddar rallado
1 pequeña lechuga de hoja verde
1/2 cebolla pequeña, finamente rebanada

Precalienta el horno a 400° F. pon aceite en una sartén grande sobre fuego medio. Añade la cebolla amarilla y cocina durante 5 minutos. Añade el chorizo, patatas y ½ cucharadita de sal y pimienta y cocina tapado, revolviendo ocasionalmente, hasta que las patatas estén tiernas, durante 10 minutos.

Añade el perejil. Vierte los huevos y revuelve para distribuir los ingredientes. Espolvorea con el queso y traslada al horno.

Cocina la tortilla hasta que infle y quede marrón alrededor de los bordes, pincha con un cuchillo y si éste sale limpio, está lista (unos 15 minutos).

Divide la lechuga y cebolla roja entre platos y rocia con el aceite restante. Corta la tortilla en cuñas y sirve con la ensalada.

Proteína 29 g
23 g de carbohidratos
Azúcar 5 g
Fibra 4 g
Grasa g 37
SAT grasa 12 g
Sodio mg 804
Colesterol mg 572

Receta de cena 6
Repollo y Cecina a fuego lento

Si tienes una familia grande, esto es para todos. Esta increíble receta es un clásico de las abuelas de los Balcanes.

Ingredientes:
4 ramitas de tomillo fresco
1 cucharadita de comino
1 pedazo de 3 libras de pecho de res
1 libra de zanahorias, partidas por la mitad a lo ancho
1/2 col verde pequeña
1 libra de patatas rojas pequeñas
Mostaza

El tomillo, comino, carne de res (cortado por la mitad para ajustar si es necesario) se combinan con paquetes de especias, zanahoria, col, patatas y ½ taza de agua en una olla de cocción lenta de 5 a 6 cuartos de galón. Cocina, cubierto, hasta que la carne esté tierna, en fuego bajo de 7 a 8 horas o en alto de 4 a 5 horas (Esto acortará el tiempo total de la receta).

Transfiere la carne a una tabla de cortar y rebánala finamente.

Sirve caliente con las zanahorias, col, papas y mostaza, salpicado de hojas de tomillo fresco.

Calorías 676
Grasas 39 g
Grasa SAT 13 g
Colesterol mg 197

Sodio mg 2393
42 g de proteína
Hidratos de carbono 39
11 g de azúcar
9 g de fibra
Hierro 6 mg
Calcio mg 151

Receta de cena 7
Risotto de camarones

Arroz y camarones, suena delicioso. Hay muchas variaciones, pero esta es la más saludable!

Ingredientes:
4 cucharadas (1/2 pan) de mantequilla sin sal
1 bulbo de hinojo pequeño, picado, más 2 cucharadas de hojas de hinojo, picado más o menos
1 cebolla pequeña, picada
2 tazas de arroz
3/4 de taza de vino blanco seco
Sal kosher y pimienta negra
8 tazas de caldo de pollo bajo en sodio, calentado
1 libra de camarón grande pelado y desvenado
1 1/2 onzas de queso parmesano

Derrite 2 cucharadas de la mantequilla en una olla grande u olla sobre fuego medio. Añade el hinojo y la cebolla. Cocina hasta que quede suave, 8 a 12 minutos.
Añade el arroz y revuelve hasta integrar. Añade el vino, ¾ de cucharadita de sal y ¼ de cucharadita de pimienta. Cocina hasta que se evapore el vino, 1 a 2 minutos. Añade 1 taza de caldo en un momento y a fuego lento, revolviendo ocasionalmente hasta que el arroz esté tierno, 20 a 25 minutos.
Agrega los camarones y cocina hasta que estén opacos, 4 minutos. Retira del fuego y agrega el queso parmesano y las 2 cucharadas restantes de mantequilla.
Sírvelo caliente con las hojas de hinojo.

440 calorías
Grasa 12 g
SAT grasa 7 g
Colesterol mg 144
Sodio mg 705
Proteínas 26 g
Carbohidratos 56 g
Azúcar 2 g
Fibra 4 g
Hierro 2 mg
Calcio 150 mg

Receta de cena 8
Pollo Light con queso de cabra

Muchas personas no disfrutan el sabor del queso de cabra. Esta receta es para ellos, haz esta receta para esos amigos, y se convertirá en su receta favorita!

Ingredientes:
1 taza de orzo
1/3 de taza más 1 cucharada de aceite de oliva
1/4 taza de perejil fresco de hoja plana triturado 1/4 cucharadita de pimiento rojo
2 onzas de queso de cabra
4- 6 onzas sin huesos, sin piel de pechugas de pollo
Sal kosher y pimienta negra
Cocina el orzo según las instrucciones del envase. Mientras tanto, en un tazón pequeño, mezcla ⅓ taza de aceite de oliva, el perejil y el pimiento picado; Incorpora el queso de cabra.
Sazona el pollo con ½ cucharadita de sal y ¼ de cucharadita de pimienta. En una sartén grande, caliente la cucharada restante de aceite sobre fuego medio-alto. Trabaja en lotes, cocina el pollo hasta que esté cocidas, 2 a 3 minutos por cada lado. Sirve el orzo con la vinagreta y el queso de cabra.

Calorías de la grasa 269
Grasa 30 g
SAT grasa 7 g
Colesterol 105 mg
Sodio 400 mg

Proteínas 44 g
Carbohidratos 36 g
Azúcar 2 g
Fibra 2 g
Hierro 3 mg
Calcio 73 m

Receta de cena 9
Lasaña de calabaza

Hay muchas maneras de preparar la calabaza, pero ¿haz probado alguna vez lasaña? Esta es tu oportunidad para enamorarte de este maravilloso vegetal.

Ingredientes:
2 paquetes de 10 a 12 onzas de puré de zapallo, congelado y descongelado
1/8 cucharadita nuez moscada molida
1 ricotta de envase de 32 onzas
1 espinaca bebé de paquete -5 onzas-
Sal kosher y pimienta negra
12 fetas de lasaña
8 onzas de mozzarella
Ensalada verde, para servir
En un bol, mezcla la calabaza y nuez moscada. En un segundo tazón, combina la ricotta, espinaca, ½ cucharadita de sal y ¼ de cucharadita de pimienta.
En el fondo de una olla de cocción lenta de 5 a 6 cuartos, extiende ½ taza de la mezcla de calabaza. Pon 3 de los fideos de lasaña, pon la mezcla mezcla, una nueva capa de lasaña y pon la mezcla de ricotta; repite, terminando con la mezcla de ricotta. Espolvorea con la mozzarella. En fuego bajo, cubre y cocina, hasta que los fideos estén tiernos, 3 a 4 horas. Sirve con la ensalada verde, si lo deseas.

Calorías 571
Grasas 29 g

Grasa SAT 18 g
Colesterol mg 107
Sodio mg 564
Proteínas 32 g
47 g de carbohidratos
Azúcar 2 g
6 g de fibra
Hierro 3 mg
Calcio mg 543

Receta de cena 10
Doble Chili de carne

Aunque puede sonar como un plato masculino, es muy tierno, pero fuerte y lleno de nutrientes.

Ingredientes:
2 cucharadas de aceite de oliva
1 cebolla blanca grande, picada
4 dientes de ajo, picado
Sal kosher y pimienta negra
1 libra de bife
1 cucharada de chili en polvo
Chiles chipotles picados
1 a 3 cucharaditas de salsa de adobo
1 caldo de carne de 12 onzas
Tomates pelados de 28 onzas
1 lata de 15,5 onzas de frijoles
Pan de maíz, crema agria, cilantro y chiles jalapeños en escabeche, para servir.

Calienta el aceite en una sartén grande sobre fuego medio-alto. Añade la cebolla, ajo y ½ cucharadita de cada sal y pimienta. Cocina, revolviendo frecuentemente, hasta que se ablanden, 6 a 8 minutos. Añade la carne y cocina, rompiendo con una cuchara, 4-5 minutos más.

Añade el Chile en polvo y chiles chipotles a la cacerola y cocina, revolviendo, durante 1 minuto. Añade el caldo y cocina hasta que reduzca a la mitad, 6 a 8 minutos más. Añade los tomates (con sus jugos), frijoles y ¼ de cucharadita cada uno sal y pimienta. Cocina a fuego lento, hasta que se espese, 20 a 25 minutos. Sirve con pan de maíz, crema agria, cilantro y chiles jalapeños en escabeche.

Calorías 431
Grasa 21 g
SAT grasa 6 g
Colesterol 67 mg
Sodio mg 956
Proteínas 27 g
Carbohidratos 26 g
Azúcar 9 g
6 g de fibra
5 mg de hierro
Calcio mg 78

Receta de cena 11
Albóndigas de cordero y estofado Suizo

Añade algo de sabor europeo con esta receta de albóndigas increíblemente deliciosas. El cordero es tierno y húmedo; se derretirá en tu boca!

Ingredientes:
2 huevos grandes, ligeramente batidos
2 dientes de ajo, finamente picado
3/4 taza pan rallado
1 cucharadita de pimentón dulce
3/4 de cucharadita de semillas de comino, triturado
Sal kosher y pimienta negra
1 libra carne de cordero molida
2 cucharadas de aceite de oliva
1 manojo de acelgas (11 onzas totales), tallos picados y hojas cortadas
6 tazas de caldo de pollo bajo en sodio
1/2 taza de orzo u otra pasta pequeña
Yogurt natural, para servir

Combinar el huevo, ajo, pan rallado, pimentón, comino, 1¼ cucharaditas de sal y ¼ de cucharadita de pimienta en un tazón mediano. Añade el cordero y mezcla suavemente con las manos hasta integrar. Formar con la mezcla 18 albóndigas (2 cucharadas cada una).

Calienta el aceite a fuego medio-alto de olla grande. Cocina las albóndigas, girando de vez en cuando, hasta que estén doradas en todas partes, 4 a 6 minutos. Lleva a un plato; Reserva de la olla.

Agrega los tallos de la acelga tallos. Cocina hasta que estén crujientes, 2 a 3 minutos. Añade el caldo de pollo y las albóndigas y pone a hervir. Reduce el calor y cocina a fuego lento hasta que las albóndigas se cocinen por 10 a 12 minutos. Añadir el orzo y cocinar a fuego lento hasta que estén tiernas, 8 a 11 minutos.

Justo antes de servir, incorpora las hojas de acelga. Sirve caliente, con el yogur, si lo desea.

Calorías 365
Grasa 19 g
SAT grasa 6 g
Colesterol mg 131
Sodio mg 630
Proteína 25 g
25 g de carbohidratos
Azúcar 3 g
Fibra 3 g
Hierro 3 mg
Calcio 104 mg

Receta de cena 12
Hamburguesa de ternera y huevo

Se trata de un giro saludable en tu clásica hamburguesa. Uno de los favoritos de los niños.

Ingredientes:
2 cucharaditas de aceite de canola, además del que utilizarás la parrilla
1 1/4 libras de carne de ternera
4 rebanadas de pavo, picado
Sal kosher y pimienta negra
4 mini pizzas
4 huevos grandes
1 tomates grandes, rebanados

Parrilla a fuego medio-alto. Una vez que está caliente, limpia la parrilla con un cepillo. Aceita la parrilla. Suavemente mezcla la carne, el pavo y ½ cucharadita de sal y pimienta con las manos en un tazón mediano hasta que se integre. Forma la mezcla de carne de res en cuatro empanadas de ¾ de pulgada de espesor. Utiliza tus dedos para hacer un pozo poco profundo en la parte superior de cada empanada (Esto evitará que crezca el grosor durante la cocción).

Asa las hamburguesas hasta que un termómetro de lectura instantánea insertado en el centro registre 140° F, por 4 minutos por cada lado para conseguir el medio punto. Lleva las mini pizzas a la parrilla, hacia abajo, hasta dorar, 10 a 20 segundos. Calienta el aceite en una sartén grande sobre hornalla a fuego medio. Rompe los huevos en la sartén y cocina, cubierto, durante 2 a 3 minutos para

conseguir yemas ligeramente líquidas. Sazona con ¼ de cucharadita cada uno sal y pimienta.
Coloca el tomate, las hamburguesas y huevos entre las mini pizzas.

Para máxima seguridad, el Departamento de agricultura de Estados Unidos recomienda: 165° F para las aves de corral, 145° F para pescado y 160° F para carne molida de res, cordero y pavo.

Calorías 558
Grasa g 31
Grasa SAT 10 g
Colesterol mg 302
Sodio mg 940
Proteínas 40 g
28 g de carbohidratos
Azúcar 3 g
Fibra 2 g
Hierro 6 mg
Calcio magnesio 226

CAPÍTULO 6: RECETAS DE POSTRES HIPERPROTÉICOS PARA EL CRECIMIENTO DE MASA MUSCULAR

Receta de postre 1
Magdalena de frambuesa

Esta maravillosa magdalena se puede hacer con cualquier fruta que tengas a mano, pero las frambuesas son algo especial para nosotros!

Ingredientes:
1 taza de avena
1 cucharadita de canela
1/2 cucharadita de sal
1/2 cucharadita de polvo de hornear
3/4 taza queso cottage bajo en grasa
1 huevo
1/4 taza de leche de Almendras
2/3 taza de frambuesas
2-3 datiles

Precalienta el horno a 350 f mezcla todos los ingredientes juntos excepto las frambuesas. Quita los cabitos de los dátiles antes de licuar.

Añade las frambuesas, remueve y luego saca la mezcla en moldes de silicona o en forros de papel que han sido pulverizadas ligeramente.

Coloca en el horno y cocina de 30 a 35 minutos o hasta que doren ligeramente. Si la parte superior de las magdalenas se quiebra, no te preocupes, lo reformas cuando enfríe.

Calorías: 90
Proteína: 8g
Carbohidratos: 10g
Grasas: 2g
Fibra: 1,5 g

Receta de postre 2
Mousse de masa torta

Este es un ejemplo perfecto de cómo algo que se utiliza para hacer tortas puede ser un increíble dulce individual! ¡Disfruta!

Ingredientes:
2 onzas (57 g) de yogur griego
1 cucharadita de polvo de cacao no azucarado
0,5 taza de leche de almendras
0,7 onzas avena
Almendras y bayas
Mezcla yogur, proteína en polvo, cacao en polvo y leche de almendras bien mezcldas (si no tienes licuadora, esto puede hacerse a mano, pero requiere un poco de trabajo con un batidor)
Revuelve la avena. Cubre y pon en la nevera durante la noche
Espolvorea almendras y bayas en el mousse de masa de pastel antes de disfrutarlo

Calorías: 260
Grasa: 9
Carbohidratos: 28
Proteína: 25

Receta de postre 3
Muffins de banana

Las bananas son una gran fuente de energía, por lo que este panecillo puede reemplazar tu desayuno, si necesitas inyecciones azucaradas en la mañana.

Ingredientes:
1 banana madura grande
¾ de taza de claras de huevo
¾ taza harina de trigo integral
½ taza yogurt natural griego
1 cucharadita de bicarbonato de sodio
1 cucharadita de polvo de hornear
½ cucharadita de canela
Opcional: nueces, chispas de chocolate, etc..
Precalienta el horno a 350. Añade todos los ingredientes a un procesador de alimentos y mezcla hasta que quede suave.
Rocía un molde de muffin con spray antiadherente.
Vierte sobre cada molde ⅓ del espacio con la masa.
HORNEA de 11 a 13 minutos o hasta que un palillo al pinchar el panecillo, salga limpio.

Grasa total 4g
Grasas saturadas 1g
Colesterol a menos de 5mg
Sodio 180mg
Potasio 220mg
Carbohidratos 11g
Fibra dietética 2g

Azúcares 3g
Proteínas 8g

Receta de postre 4
Bolas de canela con pasas de uva

Hacer bolas puede ser algo difícil si no sabes cómo hacerlas. Este es el verdadero secreto.

Ingredientes:
1 C de almendras
1 C de pasas de uva
1 cucharadita de canela
Lava las pasas y las almendras con agua. Ponlas en un procesador de alimentos con la canela. Cuando esté suficientemente mezclado, forma en formas de bola o de barra.

Calorías: 220.3
Grasa total: 12,1 g
Colesterol: 0,0 mg
Sodio: 3.6 mg
Carbohidratos totales: 26,7 g
Fibra dietética: 4,0 g
Proteína: 5,9 g

Receta de postre 5
Crepes de huevo con sabor a fruta

Coloridos y super fácil de hacer, te encantará esta versión de crepes.

Ingredientes:
Crepe
1 huevo (o sustituto de huevo)
1 cucharada de leche
1 paquete de edulcorante de tu elección, o miel

Relleno
1/2 taza de fruta congelada
1 paquete de edulcorante

Crepe
Calienta una sartén pequeña a fuego med/alto mezcla el huevo, el edulcorante y la leche muy bien. Rocía el pan con spray de mantequilla (o cualquier otra cosa para engrasarlo). Vierte la mezcla de huevo en la sartén, deja solidificar un poco y luego dóblala por la mitad (como una tortilla) y cocina hasta que esté ligeramente dorada.

Relleno de fruta
Mezcla frutas y edulcorante. Prepara en el microondas durante 1 minuto para hacer una salsa.

Calorías: 66.9
Grasa total: 0,4 g
Colesterol: 0,3 mg
Sodio: 9,7 mg

Carbohidratos totales: 12,0 g
Fibra dietética: 2,9 g

Receta de postre 6
Chocolate y mantequilla de maní

A tus niños les encantará esta receta! Chocolate y mantequilla de maní hacen una buena combinación, especialmente cuando se necesita un impulso de proteína.

Ingredientes:
2 helados de chocolate
4 TB de crema casera helada.
Mantequilla de maní 2 TB
Derrite 2 helados de chocolate en el microondas. Agrega 2 TB de mantequilla de maní y mezclar hasta que quede suave. Mezcla en 4 TB de cool whip (crema helada). Mezcla hasta que quede suave. Pon en el congelador durante 15 minutos.

Calorías: 139,9
Grasa total: 9,4 g
Colesterol: 0,0 mg
Sodio: 104,7 mg
Carbohidratos totales: 12,6 g
Fibra dietética: 2,9 g
Proteínas: 6.0 g

Receta de postre 7
Mousse de Chocolate sedoso

El chocolate es a menudo asociado con "engordar", pero su ingrediente, el cacao, es un alimento estupendo y altamente nutritivo, bajo en calorías.

Ingredientes:
175g yogur griego
10g de crema batida
2g de cacao en polvo
1/2 banana madura o edulcorante de su preferencia
1 cucharadita de extracto de vainilla
Una pizca de sal de mar
Mezcla todo en una licuadora. Para una textura menos sedosa se puede utilizar un batidor regular. Esta receta se puede hacer en 2 minutos.

Calorías 250
Proteína 18g
Carbohidratos 41g
Grasa 5g

Receta de postre 8
Panqueques de banana y sésamo

Cuando se trata de crepes, hay algunos ingredientes que no pueden dejar de utilizarse. Esta es una maravillosa versión con banana y sésamo.

Ingredientes:
Para la masa
1 banana madura pelada
1/2 taza de leche descremada
2 cucharadas azúcar
2 cucharadas de harina de trigo integral
2 cucharadas de harina común

Otros ingredientes:
1 cucharadita de aceite para el cepillado
4 cdtas de semillas de sésamo

Para servir:
4 cucharaditas de miel

Para la masa
Ligeramente pisa la banana y añade la leche y el azúcar. Mezcla en un mezclador hasta que quede suave y esponjosa. Lleva a un bol y reserva.

Vierte 2 cucharadas de la masa y extendiéndolas para hacer una tortilla. Espolvorea con 1 cucharadita de

semillas de sésamo por encima y cocina por ambos lados.
Hacer 3 o más crepes con la masa restante.
Sirve caliente con miel.

Carbohidratos: 23 mg
Colesterol: 0 mg
Calorías: 144
Grasas: 4,2 mg
Fibra: 0,6 mg
Proteína: 3,2 mg

Receta de postre 9
Wafles de vainilla

Tu receta favorita de wafles clásicos con un toque elegante de vainilla. Abundantes, encantadores y fácil de hacer!

Ingredientes:
Para 4 wafles:
4 huevos
15 g de aceite de coco
25 g de harina de coco
20 g de arrurruz
1 cucharadita de extracto de vainilla
1/2 cucharadita de polvo de hornear
Instrucciones:
Mezclar todos los ingredientes y hornear en un molde para gofres.

Calorías: 128
Proteína: 7.1
Carbohidratos: 5.3
Azúcar: 0.5
Grasas: 8,7
Fibra: 2,5

Receta de postre 10
Muffins de Altramumz

Si es tu primera vez usando harina de altramuz, te sorprenderá la diferencia! Es saludable y deliciosa.

Ingredientes:
Para 4 muffins:
1 banana (100 g)
1 huevo
2 paquetes (16 g) de azúcar de vainilla o edulcorante favorito
25 g de aceite de coco
45 g de harina de altramuz
20 g harina de arrurruz
1 cucharadita de polvo de hornear
chips de chocolate 30 g
Batir la banana, el huevo y azúcar de vainilla en una licuadora. Derrite el aceite de coco y agrega a la mezcla. Incorpora la harina de altramuz, el arrurruz y el polvo de hornear. Añade trocitos de chocolate a mano. Hornea a 200 grados Celsius hasta que la parte superior de los panecillos se vea firme.

Calorías: 200
Proteína: 7.1
Carbohidratos: 16.5
Azúcar: 7.8
Grasa: 11.6
Fibra: 5.4

Receta de postre 11
Brownies impares

¿ brownies amargos y dulces? ¡Por qué no! Esto es un toque extraño pero delicioso en tu Brownie favorito.

Ingredientes:
1 lata (15 onzas) de frijoles negros
3 huevos
1/3 de taza de mantequilla derretida, más extra para engrasar el molde para hornear
1/4 taza de cacao en polvo
1 pizca de sal
2 cucharaditas de extracto de vainilla pura
1/2 taza de azúcar de caña
1/2 taza de chocolate semiamargo
Opcional: 1/3 taza de nueces u otros frutos secos de elección
PRECALIENTA el horno a 350 grados. Unta con mantequilla una bandeja para hornear. Combina los frijoles negros, huevos, cacao en polvo, sal, extracto de vainilla y azúcar en procesadora o licuadora. Revuelve suavemente los chips de chocolate (y nueces, si lo desea). Vierte la mezcla en la bandeja para hornear engrasada. Hornear de 30 a 35 minutos a 350 grados hasta que el centro esté cocido. Deja enfriar antes de cortar en cuadrados.

Calorías: 160
Total de grasa: 9g
Colesterol: 50mg

Sodio: 35mg
Carbohidratos: 17g
Fibra: 2g
Proteínas: 4g
Azúcar: 12g

Receta de postre 12
Pasteles crudos de chocolate

Los dátiles y el chocolate en un postre pueden hacer maravillas! Este es un postre clásico pero delicioso!

Ingredientes:
1 taza de almendras crudas
1 taza picada de dátiles
1/3 taza de nueces al natural
1/3 taza de cocoa o cacao en polvo
1/8 cucharadita de sal
1 cucharada de agua
2 bananas maduras congeladas mezcladas con 2 cucharadas soperas cacao o cacao en polvo, 1/4 cucharadita de extracto de vainilla pura y opcional 2 cucharadas de mantequilla de coco o aguacate.
Combina las nueces, los dátiles, 1/3 taza de cacao y sal en un procesador de alimentos de alta calidad. Procesa hasta que la se desarme. Agrega no más de 2 cucharadas de agua para lograr la masa un poco pegajosa, luego procesa nuevamente hasta que se forme una gran bola. Si aún no está pegajosa, simplemente procesa y ya. Rompe en pedazos con las manos y pon en el molde, a lo largo de los bordes, los mini bollitos, presionando hacia abajo en el centro para formar una copa. Congela al menos 20 minutos o hasta que esté listo para servir. Hacer la crema justo antes de servir.

Calorías: 84
Total grasa: 5.5g

Sodio: 20mg
Carbohidratos: 8,7 g
Proteína: 2,7 g

Receta de postre 13
Yogur, frutas y nueces.

Este sabroso yogur puede sustituir el desayuno ya que está repleto de nutrientes. Literalmente, te mantendrá lleno hasta el almuerzo!

Ingredientes:
3 cucharadas picadas de mezcla de frutos secos
Semilla de girasol 1 cucharada
Semilla de calabaza 1 cucharada
1 plátano en rodajas
1-2 puñados de frutos
200g de yogurt de vainilla
Mezcla las nueces, las semillas de girasol y semillas de calabaza. Mezcla la banana en rodajas y las bayas. Pon un capa de la preparación en un bol con yogur y disfruta.

Calorías: 69
Proteína: 28g
Carbohidratos: 53.g
Grasas: 41g
Fibra: 6g
Azúcar: 45g

Receta postre 14
Torta de limón

La torta de limón veraniega, es una torta de cumpleaños perfecto.

Ingredientes:
225g mantequilla sin sal, ablandada
225g de azúcar morena
4 huevos
Cáscara finamente rallada de 1 limón
225g de harina leudante
Para la cobertura
Limones 1½, en jugo
85g de azúcar impalpable

Calienta en el horno a 180C. Bate junto 225g ablandado mantequilla sin sal y 225g de azúcar impalpable hasta quede una mezcla pálida y cremosa y luego agrega 4 huevos, uno a la vez, mezclando lentamente. Tamiza en 225g de harina, añade la cáscara finamente rallada de 1 limón y mezclar hasta combinar bien. Prepara un molde de pan con papel parafinado y luego con una cuchara en la mezcla llena el molde al nivel de la parte superior, ayudándote con una cuchara.

Hornea durante 45-50 minutos hasta que un pincho fino insertado en el centro del pastel salga limpio. Mientras que la torta está enfriándose en su molde, mezcla el jugo de 1 1/2 limones y 85g de azúcar impalpable para hacer la cobertura. Pincha el pastel caliente con un pincho o tenedor, a continuación, vierte sobre la cobertura – el jugo se hundirá y el azúcar forma una cobertura preciosa y fresco. Deja en la bandeja hasta que enfríe totalmente, luego retira y sirve. Se puede mantener en un recipiente hermético durante 3-4 días o congelar hasta por 1 mes.

Calorías: 399
Proteínas: 5g
Carbohidratos: 50g
Grasa: 21g
Fibra: 1g
Azúcar: 33g
Sal: 0,3 g

Receta de postre 15
Brownies simples

Estos podrían ser sustituto de la torta de tu San Valentín. Estos brownies son simples y absolutamente delicioso!

Ingredientes:
140g de almendra molida
140g de mantequilla, ablandada
140g azúcar impalpable de oro
140g de harina leudante
2 huevos
1 cucharadita de extracto de vainilla
250g de frambuesas
2 cucharadas de copos de almendras
Azúcar glas, para servir

Calienta el horno a 180C y prepara un molde de torta profundo de 20cm. Llena de almendras molidas, mantequilla, azúcar, harina, huevos y extracto de vainilla en un procesador de alimentos hasta estén bien mezclados.

Extiende la mitad de la mezcla sobre la bandeja de la torta y que quede suave sobre la parte superior. Esparce las frambuesas encima, luego la masa de la mezcla de la torta restante en la parte superior y extiende – podrías hacerlo más fácil con los dedos-. Dispersa copos de almendras y hornea durante 50 minutos hasta que estén dorados. Enfria, desmolda y espolvorea con glaseado de azúcar para servir.

Calorías: 411

Proteína: 8g
Carbohidratos: 35g
Grasas: 28g
Fibra: 3g
Azúcar: 21g
Sal: 0.5g

CAPÍTULO 7: RECETAS DE BATIDOS HIPER PROTEICOS PARA MAXIMIZAR LOS RESULTADOS DE TU ENTRENAMIENTO.

1. Batido de avena y almendra
Tiempo de preparación: 5 minutos
Porciones: 3

1. Ingredientes:

220ml de leche
1 cucharada de almendras (molidas) (15g)
Avena, 1 cucharada (15g)
Jarabe de arce, 1 cucharadita (5g)
½ cucharadita de extracto de vainilla (2-3g)
2 cucharadas de yogur griego (30g)
Proteína de suero de leche 30g

2. Preparación:
Todos los ingredientes se llevan a licuadora hasta que la consistencia es suave.

3. Información nutricional (cantidad por 100ml/ composición entera):

Contiene calcio, hierro;
Calorías: 111
Calorías de grasa: 29

Total grasas: 3,2 Grasas saturadas: 0,7 g
Colesterol: 21mg

Sodio: 58mg
Potasio: 182mg
Carbohidratos totales: 9,3 g
Fibra dietética: 0.8g
Azúcar: 5,1 g
Proteínas: 11,1 g
Calorías: 333
Calorías de grasa: 86
Grasa total: 9,5 g

Grasa saturada: 2,1 g
Colesterol: 64mg
Sodio: 175mg
Potasio: 547mg
Carbohidratos totales: 27,9 g
Fibra dietética: 2,6 g
Azúcar: 15,3 g
Proteínas: 33,5 g

2. Batido de menta y avena
Tiempo de preparación: 5 minutos
Porciones: 5

1. Ingredientes:

avena de 70g

30g copos de salvado

300ml de leche

50g de quacker

Extracto de menta piperita ½ cucharadita (3g)

30g de helado (vainilla y chocolate)

50g de proteínas de suero de leche (chocolate)

2. Preparación:

Todos los ingredientes se llevan a licuadora hasta que la consistencia es suave..

3. Información nutricional (cantidad por 100ml/ composición entera):

Contiene vitamina A, calcio, hierro

Calorías: 180
Calorías de grasa: 51
Grasa total: 5,6 g
Grasa saturada: 2,9 g
Colesterol: 30mg
Colesterol: 151mg
Sodio: 555mg
Potasio: 869mg

Carbohidratos totales: 104g
Fibra dietética: 12,4 g
Azúcar: 31,2 g
Proteína: 63,2 g

3. Batido de canela

Timpo de preparación: 5 minutos
Poriciones: 3

1. Ingredientes:

240ml de leche
¼ cucharada de canela (4g)
extractos de vainilla ½ cucharadita (3g)
helado vainilla 2 cucharadas (30g)
2 cucharadas de avena (30g)
proteína 50g

2. Preparación:

Todos los ingredientes se llevan a licuadora hasta que la consistencia es suave.

3. Información nutricional (cantidad por 100ml/ composición entera):

Contiene vitamina A, calcio, hierro.

Calorías: 131
Calorías de grasa: 30
Grasas: 3,3 g
Grasas saturadas: 1,8 g
Colesterol: 42mg
Sodio: 73mg
Potasio: 158mg
Carbohidratos totales: 10,3 g
Fibra dietética: 1g

Azúcar: 4,8 g
Proteína: 15,3 g
Calorías: 342
Calorías de grasa: 89
Grasa total: 9,9 g
Grasa saturada: 5,4 g
Colesterol: 127mg
Sodio: 219mg
Potasio: 474mg

Carbohidratos totales: 31g
Fibra dietética: 3,1 g

Azúcar: 14,4 g
Proteína: 45,9 g

4. Batido de almendras

Tiempo de preparación: 5 minutos
Porciones: 5

1. Ingredientes:

eche de almendras 220ml
avena de 120g
proteína 50g
pasas de uva 80g
20g de almendras (molidas)
mantequilla de maní 1 cucharada (15g)

2. Preparación:

Todos los ingredientes se llevan a licuadora hasta que la consistencia es suave.

3. Información nutricional (cantidad por 100ml/ composición entera):

Contiene: vitamina C, hierro, calcio
Calorías: 241
Calorías de grasa: 61
Grasa total: 6,7 g
Grasa saturada: 1,6 g
Colesterol: 24mg
Sodio: 57mg
Potasio: 339mg
Carbohidratos totales: 33,8 g
Fibra dietética: 3,7 g

Azúcar: 12,5 g
Proteína: 13,9 g
Calorías: 1207
Calorías de grasa: 304
Grasa total: 33,7 g
Grasa saturada: 8g
Colesterol: 122mg
Sodio: 283mg
Potasio: 1693mg

Carbohidratos totales: 169g
Fibra dietética: 18,5 g
Azúcar: 62,3 g

Proteína: 69,4 g

5. Batido de almendra y banana

Tiempo de preparación: 5 minutos
Porciones: 5

1. *Ingredientes:*

2 bananas
leche de almendras 230ml
20g de almendras (molidas)
pistachos 10g (molidos)
proteína 40g

2. *Preparación:*

Todos los ingredientes se llevan a licuadora hasta que la consistencia es suave.

3. *Información nutricional (cantidad por 100ml/ composición entera):*

Contiene: vitamina C, hierro, calcio

Calorías: 241
Calorías de grasa: 61
Grasa total: 6,7 g
Grasa saturada: 1,6 g
Colesterol: 24mg
Sodio: 57mg
Potasio: 339mg
Carbohidratos totales: 33,8 g
Fibra dietética: 3,7 g
Azúcar: 12,5 g

Proteína: 13,9 g
Calorías: 1073
Calorías de grasa: 659
Grasa total: 73
Grasa saturada: 52,1
Colesterol: 83mg
Sodio: 109mg
Potasio: 1934mg
Carbohidratos totales: 78,7 g
Fibra dietética: 14,8 g

Azúcar: 39,4 g
Proteína: 42,8 g

6. Batido de frutos silvetres

Tiempo de preparación: 5 minutos
Porciones: 7

1. Ingredientes:

fresas 30g
arándanos 30g
frambuesa 30g
pasas de Corinto 30g
500ml de leche
proteína 60g
1 cucharadita de extracto de vainilla (5g)
Extracto de limón 1 cucharadita (5g)

2. Preparación:

Mezclar todos los ingredientes en una licuadora hasta que la composición quede lisa. También puede agregar unos cubitos de hielo a la mezcla.

3. Información nutricional (cantidad por 100ml/ composición entera):

Contiene: vitamina C, hierro, calcio

Calorías: 78	Carbohidratos totales: 6,7 g
Calorías de grasa: 19	Fibra: 0,7 g
Grasas: 2,1 g	Azúcar: 4,7 g
Grasas saturadas: 1,2 g	Proteína: 8,7 g
Colesterol: 24mg	Calorías: 549
Sodio: 50mg	Calorías de grasa: 131
Potasio: 119mg	

Grasa total: 14,6 g
Grasa saturada: 8,1 g

Colesterol: 167mg
Sodio: 351mg
Potasio: 832mg

Carbohidratos totales: 46,9 g
Fibra alimentaria: 4,6 g
Azúcar: 33g
Proteína: 61g

7. Batido de fresa

Tiempo de preparación: 5 minutos
Porciones: 5

1. Ingredientes:

fresas 30g
100g yogur griego
200ml de leche
proteína 40g
2 huevos
edulcorante de 20g (miel / brown sugar)
cubitos de hielo
1 cucharadita de extracto de vainilla (5g)

2. Preparación:

Mezclar todos los ingredientes en una licuadora hasta que la composición quede lisa.
El yogur griego puede tener diferentes aromas como vainilla o fresa, o simplemente ser yogurt natural. Puedes usar cualquier sabore.

3. Información nutricional (cantidad por 100ml/ composición entera):

Contiene: vitamina C, hierro, calcio
Calorías: 96
Calorías de grasa: 32
Grasa total: 3,5 g
Grasa saturada: 1,6 g
Colesterol: 87mg
Sodio: 65mg
Potasio: 131mg
Carbohidratos totales: 9,2 g
Fibra dietética: 2,5 g

Azúcar: 3,4 g
Proteína: 11,3 g

Calorías: 508
Calorías de grasa: 157
Grasas: 17,4 g
Grasa saturada: 8g
Colesterol: 433mg

Sodio: 326mg
Potasio: 656mg
Carbohidratos totales: 45,9 g
Fibra dietética: 12,4 g
Azúcar: 17,2 g
Proteína: 56,6 g

8. Batido de fresa y vainilla

Tiempo de preparación: 5 minutos
porciones: 7

1. Ingredientes:

frutillas 100g
1 plátano
1 cucharadita de extracto de vainilla (5g)
Extracto de fresas 1 cucharada (15g)
avena 50g
200ml de leche
5 huevos
Cubitos de hielo

2. Preparación:

Todos los ingredientes se llevan a licuadora hasta que la consistencia es suave.

3. Información nutricional (cantidad por 100ml/ composición entera):

Contiene: vitamina C, hierro, calcio.

Calorías: 112
Calorías de grasa: 39
Grasa total: 4,3 g
Grasa saturada: 1,4 g
Colesterol: 119mg
Sodio: 59mg
Potasio: 170mg

Carbohidratos totales: 11,7 g
Fibra: 1,4 g
Azúcar: 4,6 g
Proteína: 6,1 g
Calorías: 782
Calorías de grasa: 271
Grasa total: 30,1 g

Grasa saturada: 10,1 g
Colesterol: 835mg
Sodio: 421mg
Potasio: 1189mg
Carbohidratos totales: 82g
Fibra dietética: 10,1 g
Azúcar: 32,5 g
Proteína: 43g

9. Batido de fresa y nueces

Tiempo de preparación: 5 minutos
Porciones: 4

1. Ingredientes:

Fresas de 50g
tuercas de mezcla de 50g (picadas)
200ml de leche
yogur griego 100g
2 cucharadas de avena (30g)

2. Preparación:

Todos los ingredientes se llevan a licuadora hasta que la consistencia es suave.

3. Información nutricional (cantidad por 100ml/ composición entera):

Contiene: vitamina C, hierro, calcio

Calorías: 140	Proteínas: 6,9 g
Calorías de grasa: 81	Calorías: 417
Grasas: 9g	Calorías de grasa: 324
Grasa saturada: 1,4 g	Grasa total: 36g
Colesterol: 1mg	Grasa saturada: 5,4 g
Sodio: 80mg	Colesterol: 5mg
Potasio: 125mg	Sodio: 321mg
Carbohidratos totales: 9,2 g	Potasio: 499mg
Fibra: 1,4 g	Carbohidratos totales: 36,9 g
Azúcares: 4,3 g	Fibra dietética: 5.5g

Azúcar: 17,1 g
Proteína: 27,6 g

10. Batido de frambuesa

Tiempo de preparación: 5 minutos
Porciones: 4

1. Ingredientes:
proteína 50g
frambuesas 100g
fresas 30g
50g crema
200ml de leche
Extracto de limón 1 cucharadita (5g)

2. Preparación:
Mezclar todos los ingredientes en una licuadora hasta que la composición quede lisa.

3. Información nutricional (cantidad por 100g/ composición entera):

Contiene vitamina A, C, B-12, hierro, calcio

Calorías: 116
Calorías de grasa: 41
Grasas: 4,6 g
Grasa saturada: 2,6 g
Colesterol: 36mg
Sodio: 54mg
Potasio: 168mg
Carbohidratos totales: 8,1 g
Fibra: 1,8 g
Azúcar: 4,2 g

Proteínas: 11,4 g
Calorías: 465
Calorías de grasa: 166
Grasa total: 18,4 g
Grasa saturada: 10,6g
Colesterol: 143mg
Sodio: 214mg
Potasio: 670mg
Carbohidratos totales: 32,5 g
Fibra dietética: 7,1 g

Azúcar: 16,8 g   Proteína: 45,5 g

11. Batido de arándanos

Tiempo de preparación: 5 minutos
Porciones: 6

1. Ingredientes:

arándanos 250g
50g crema
avena de 80g
100ml leche de coco
puré de calabaza 160g
Canela, nuez moscada para espolvorear en la parte superior

2. Preparación:

Mezclar todos los ingredientes en una licuadora hasta que la composición quede lisa o suave.

3. Información nutricional (cantidad por 100g/ composición entera):

Contiene vitamina A, C, B-12, hierro, calcio

Calorías: 140
Calorías de grasa: 62
Grasas: 6,9 g
Grasas saturadas: 4,8 g
Colesterol: 4mg
Sodio: 9mg
Potasio: 192mg
Carbohidratos totales: 18,5 g
Fibra dietética: 3,5 g
Azúcar: 5,7 g
Proteínas: 3g
Calorías: 641
Calorías de grasa: 371
Grasa total: 41,2 g
Grasa saturada: 29,1 g
Colesterol: 22mg
Sodio: 56mg

Potasio: 1150mg
Carbohidratos totales: 112g
Fibra dietética: 21g
Azúcar: 34,4 g
Proteína: 18,1 g

12. Batido de mantequilla de maní

Tiempo de preparación: 5 minutos
Porciones: 6

1. Ingredientes:

leche de almendras 300ml
50g de mantequilla de maní
tuercas de mezcla de 50g
6 claras de huevo
1 cucharadita de extracto de mantequilla (5g)

2. Preparación:

Mezclar todos los ingredientes en una licuadora hasta que la composición quede lisa o suave.

3. Información nutricional (cantidad por 100g/ composición entera):

Contiene vitamina C, hierro, calcio

Calorías: 236	Proteínas: 8,3 g
Calorías de grasa: 191	Calorías: 1415
Grasa total: 21,3 g	Calorías de grasa: 1148
Grasa saturada: 12,2g	Grasa total: 127,6
Colesterol: 0mg	Grasa saturada: 73,1 g
Sodio: 109mg	Colesterol: 0mg
Potasio: 241mg	Sodio: 656mg
Carbohidratos totales: 6,2 g	Potasio: 1448mg
Fibra dietética: 2g	Carbohidratos totales: 37,2 g
Azúcar: 3,1 g	Fibra dietética: 11,9 g

Azúcar: 18,5 g
Proteína: 50,2 g

13. Batido de mantequilla y banana

Tiempo de preparación: 5 minutos
Porciones: 7

1. Ingredientes:

leche almendra 250ml
2 bananas
30g de mantequilla de maní
5 huevos
miel 2 cucharaditas (10g)
1 cucharadita de extracto de vainilla (5g)

2. Preparación:

Mezclar todos los ingredientes en una licuadora hasta que la composición quede lisa o suave.

3. Información nutricional (cantidad por 100g/ composición entera):

Contiene vitamina A, C, hierro, calcio

Calorías: 191
Calorías de grasa: 126
Grasas: 14g
Grasa saturada: 9.1g
Colesterol: 117mg
Sodio: 70mg
Potasio: 288mg
Carbohidratos totales: 12,5 g
Fibra dietética: 1,9 g

Azúcar: 7,7 g
Proteínas: 6,2 g
Calorías: 1339
Calorías de grasa: 884
Grasa total: 98,2 g
Grasa saturada: 63,9g
Colesterol: 818mg
Sodio: 487mg
Potasio: 2015mg

Carbohidratos totales:
87,6 g
Fibra dietética: 13,5 g
Azúcar: 53,9 g
Proteína: 43,6 g

14. Batido de mantequilla de maní y chocolate

Tiempo de preparación: 5 minutos
Porciones: 3

1. *Ingredientes:*

2 cucharadas de cacao en polvo (30g)
30g de mantequilla de maní
leche almendra 250ml
proteína 50g

2. *Preparación:*

Mezclar todos los ingredientes en una licuadora hasta que la composición quede lisa o suave.

3. *Información nutricional (cantidad por 100g/ composición entera):*

Contiene vitamina A, C, hierro, calcio.

Calorías: 326	Calorías: 977
Calorías de grasa: 240	Calorías de grasa: 719
Grasa total: 26,6 g	Grasa total: 79,9 g
Grasa saturada: 19,7 g	Grasa saturada: 59g
Colesterol: 35mg	Colesterol: 104mg
Sodio: 89mg	Sodio: 267mg
Potasio: 472mg	Potasio: 1415mg
Carbohidratos totales: 10,6 g	Carbohidratos totales: 31,8 g
Fibra dietética: 3,5 g	Fibra dietética: 10,6 g
Azúcares: 4,3 g	Azúcar: 13g
Proteína: 17g	Proteína: 51g

15. Batido de chocolate

Tiempo de preparación: 5 minutos
Porciones: 6

1. Ingredientes:

3 cucharada de cacao en polvo (45g)
250ml de leche
puré de calabaza de 120ml
1 cucharadita de extracto de vainilla (5g)
5 huevos

2. Preparación:

Mezclar todos los ingredientes en una licuadora hasta que la composición quede lisa o suave.

3. Información nutricional (cantidad por 100g/ composición entera):

Contiene Vitamina A, C, hierro, calcio

Calorías: 89	Proteínas: 6,7 g
Calorías de grasa: 44	Calorías: 534
Grasas: 4,9 g	Calorías de grasa: 267
Grasa saturada: 1,9 g	Grasa total: 29,6 g
Colesterol: 140mg	Grasa saturada: 11,4 g
Sodio: 73mg	Colesterol: 840mg
Potasio: 185mg	Sodio: 439mg
Carbohidratos totales: 5,6 g	Potasio: 1112mg
Fibra: 1,4 g	Carbohidratos totales: 33,8 g
Azúcar: 3g	Fibra dietética: 8,4 g

Azúcar: 18,2 g   Proteína: 40,4 g

16. Chocolate y almendras

Tiempo de preparación: 5 minutos
Porciones: 5

1. Ingredientes:

pudín de chocolate 2 cucharadas (30g)
Almendras 50g (picadas)
300ml de leche
proteína 40g
jarabe de amaretto 1 cucharadita (5g)

2. Preparación:

Mezclar todos los ingredientes en una licuadora hasta que la composición quede lisa o suave.

3. Información nutricional (cantidad por 100g/ composición entera):

Contiene Vitamin A, hierro, calcio

Calorías: 131	Calorías: 656
Calorías de grasa: 61	Calorías de grasa: 303
Grasa total: 6,8 g	Grasa total: 33,7 g
Grasa saturada: 1,4 g	Grasa saturada: 6,9 g
Colesterol: 22mg	Colesterol: 109mg
Sodio: 70mg	Sodio: 351mg
Potasio: 154mg	Potasio: 770mg
Totales carbohidratos: 9g	Carbohidratos totales: 45,2 g
Fibra dietética: 1.3g	Fibra dietética: 6,5 g
Azúcar: 3,5 g	Azúcar: 17,2 g
Proteína: 9,9 g	

Proteína: 49,3 g

17. Batido de caramel y avellanas

Tiempo de preparación: 5 minutos
Porciones: 4

1. Ingredientes:

avellanas 50g (picadas)
Sirope de caramelo 1 cucharadita (5g)
Jarabe de arce 1 cucharadita (5g)
leche almendra 250ml
proteína 50g

2. Preparación:

Mezclar todos los ingredientes en una licuadora hasta que la composición quede lisa o suave.

3. Información nutricional (cantidad por 100g/ composición entera):

Contiene Vitamina C, hierro, calcio

Calorías: 307
Calorías de grasa: 211
Grasa total: 23,4 g
Grasa saturada: 14,3g
Colesterol: 26mg
Sodio: 37mg
Potasio: 326mg
Carbohidratos totales: 15,5 g
Fibra dietética: 2,6 g
Azúcar: 11g

Proteína: 12,2 g
Calorías: 1228
Calorías de grasa: 844
Grasa total: 93,8 g
Grasa saturada: 57,3 g
Colesterol: 104mg
Sodio: 148mg
Potasio: 1303mg
Carbohidratos totales: 61,8 g
Fibra dietética: 10,4 g

Azúcar: 44,1 g   Proteína: 49g

18. Batido de ciruela

Tiempo de preparación: 5 minutos
Porciones: 8

1. Ingredientes:

ciruelas 200g
pasas de uva 50g
200ml de leche
4 huevos
requesón 100g
avena de 70g

2. Preparación:

Mezclar todos los ingredientes en una licuadora hasta que la composición quede lisa o suave.

3. Información nutricional (cantidad por 100g/ composición entera):

Contiene Vitamina A, C, hierro, calcio

Calorías: 122
Calorías de grasa: 43
Grasa total: 4,7 g
Grasas saturadas: 1,8 g
Colesterol: 87mg
Sodio: 62mg
Potasio: 149mg
Carbohidratos totales: 14,7 g
Fibra dietética: 1.3g

Azúcar: 7,2 g
Proteínas: 6,2 g
Calorías: 975
Calorías de grasa: 340
Grasa total: 37,8 g
Grasa saturada: 14,3 g
Colesterol: 699mg
Sodio: 499mg
Potasio: 1190mg

Carbohidratos totales: 117g
Fibra dietética: 10,7 g
Azúcar: 57,7 g
Proteínas: 49,7 g

19. Batido tropical

Tiempo de preparación: 5 minutos
Porciones: 5

1. Ingredientes:

1 banana
150g de piña
40g de mango
leche de coco 200ml
miel 1 cucharadita (5g)
proteína 50g

2. Preparaciónn:

Mezclar todos los ingredientes en una licuadora hasta que la composición quede lisa o suave.

3. Información nutricional (cantidad por 100g/ composición entera):

Contiene Vitamina A, C, hierro, calcio

Calorías: 178	Azúcar: 9,9 g
Calorías de grasa: 94	Proteína: 8,5 g
Grasa total: 10,4 g	Calorías: 889
Grasa saturada: 8,9 g	Calorías de grasa: 468
Colesterol: 21mg	Grasa total: 52g
Sodio: 25mg	Grasa saturada: 44,6 g
Potasio: 294mg	Colesterol: 104mg
Carbohidratos totales: 15,3 g	Sodio: 124mg
Fibra: 2,1 g	Potasio: 1468mg

Carbohidratos totales:
76,4 g
Fibra dietética: 10,3 g
Azúcar: 49,2 g
Proteínas: 42,7 g

20. Batido de durazno

Tiempo de preparación: 5 minutos
Porciones: 8

1. Ingredientes:

6 duraznos
300ml de leche
mandarinas de 140g
avena 30g
4 huevos

2. Preparación:

Mezclar todos los ingredientes en una licuadora hasta que la composición quede lisa o suave.

3. Información nutricional (cantidad por 100g/ composición entera):

Contiene Vitamina A, C, hierro, calcio

Calorías: 70	Proteínas: 3,5 g
Calorías de grasa: 20	Calorías: 839
Total grasas: 2,3 g	Calorías de grasa: 245
Grasas saturadas: 0,3 g	Grasa total: 27,3 g
Colesterol: 57mg	Grasa saturada: 9.7g
Sodio: 34mg	Colesterol: 680mg
Potasio: 137mg	Sodio: 405mg
Carbohidratos totales: 9,5 g	Potasio: 1639mg
Fibra dietética: 1g	Carbohidratos totales: 115g
Azúcar: 7,2 g	Fibra dietética: 12,4 g

Azúcar: 86,2 g
Proteínas: 41,6 g

21. Batido de ciruela y limon

Tiempo de preparación: 5 minutos
Porciones: 6

1. Ingredientes:

ciruelas 150g
2 limones (jugo)
miel 2 cucharaditas (10g)
200ml de leche
Cubitos de hielo
150g yogur griego
4 huevos

2. Preparación:

Mezclar todos los ingredientes en una licuadora hasta que la composición quede lisa o suave.

3. Información nutricional (cantidad por 100g/ composición entera):

Contiene Vitamina A, C, hierro, calcio

Calorías: 74	Fibra dietética: 0.6g
Calorías de grasa: 29	Azúcar: 5,1 g
Total grasas: 3,2 g	Proteínas: 5,8 g
Grasa saturada: 1.3g	Calorías: 589
Colesterol: 85mg	Calorías de grasa: 228
Sodio: 50mg	Grasa total: 25,3 g
Potasio: 111mg	Grasas saturadas: 10,3 g
Totales hidratos de carbono: 6,4 g	Colesterol: 679mg
	Sodio: 397mg

Potasio: 890mg
Carbohidratos totales: 51,2 g

Fibra alimentaria: 4,6 g
Azúcar: 40,9 g
Proteína: 45,9 g

22. Batido de piña

Tiempo de preparación: 5 minutos
Porciones: 6

1. Ingredientes:

piña 300g
leche de almendras 200ml
frambuesa 30g
avena 30g
1 limón (jugo)
proteína 40g

2. Preparación:

Mezclar todos los ingredientes en una licuadora hasta que la composición quede lisa o suave.

3. Información nutricional (cantidad por 100g/ composición entera):

Contiene Vitamina A, C, hierro, calcio

Calorías: 153	Azúcar: 6,7 g
Calorías de grasa: 80	Proteínas: 6,6 g
Grasa total: 8,9 g	Calorías: 920
Grasa saturada: 7.4g	Calorías de grasa: 481
Colesterol: 14mg	Grasa total: 53,4 g
Sodio: 18mg	Grasa saturada: 44,5g
Potasio: 218mg	Colesterol: 83mg
Carbohidratos totales: 14,4 g	Sodio: 109mg
Fibra dietética: 2,6 g	Potasio: 1309mg

Carbohidratos totales: 86,3 g
Fibra dietética: 15,5 g

Azúcar: 40,3 g
Proteína: 39,6 g

23. Batido ed naranja

Tiempo de preparación: 5 minutos
Porciones: 8

1. Ingredientes:

5 naranjas
10 huevos
2 cucharada de miel

2. Preparación:

Mezclar todos los ingredientes en una licuadora hasta que la composición quede lisa o suave.

3. Información nutricional (cantidad por 100g/ composición entera):

Contiene Vitamina A, C, hierro, calcio

Calorías: 85	Calorías de grasa: 404
Calorías de grasa: 29	Grasa total: 44,8 g
Total grasas: 3,2 g	Grasa saturada: 13,8 g
Grasa saturada: 1g	Colesterol: 1637mg
Colesterol: 117mg	Sodio: 618mg
Sodio: 44mg	Potasio: 2277mg
Potasio: 163mg	Carbohidratos totales: 146g
Carbohidratos totales: 10,4 g	Fibra dietética: 22,2 g
Fibra dietética: 1,6 g	Azúcar: 123,9 g
Azúcar: 8,8 g	Proteína: 64,1 g
Proteínas: 4,6 g	
Calorías: 1189	

24. Batido de piña colada

Tiempo de preparación: 5 minutos
Porciones: 8

1. Ingredientes:

piña 200g
leche de coco 200g
avena 50g
300ml de leche
4 huevos

2. Preparación:

Mezclar todos los ingredientes en una licuadora hasta que la composición quede lisa o suave.

3. Información nutricional (cantidad por 100g/ composición entera):

Contiene Vitamina A, C, hierro, calcio

Calorías: 128
Calorías de grasa: 75
Grasa total: 8,3 g
Grasa saturada: 5,8 g
Colesterol: 76mg
Sodio: 48mg
Potasio: 149mg
Carbohidratos totales: 9,8 g
Fibra dietética: 1,1 g
Azúcar: 4,7 g

Proteínas: 4,9 g
Calorías: 1155
Calorías de grasa: 675
Grasa total: 75g
Grasa saturada: 52,1 g
Colesterol: 680mg
Sodio: 428mg
Potasio: 1339mg
Carbohidratos totales: 87,8 g
Fibra dietética: 12,2 g

Azúcar: 42,2 g					Proteínas: 44,5 g

25. Batido de manzna

Tiempo de preparación: 5 minutos
Porciones: 3

1. Ingredientes:

manzana de 350g
1 cucharadita de canela
leche de almendras 200ml
2 cucharadita de extracto de vainilla
proteína 40g

2. Preparación:

Mezclar todos los ingredientes en una licuadora hasta que la composición quede lisa o suave.

3. *Información nutricional (cantidad por 100g/ composición entera):*

Contiene Vitamina C, hierro, calcio

Calorías: 139	Azúcar: 7,6 g
Calorías de grasa: 77	Proteína: 5,7 g
Grasa total: 8.6g	Calorías: 833
Grasa saturada: 7.4g	Calorías de grasa: 463
Colesterol: 14mg	Grasa total: 51,4 g
Sodio: 18mg	Grasa saturada: 44,1g
Potasio: 193mg	Colesterol: 83mg
Carbohidratos totales: 11,2 g	Sodio: 106mg
Fibra dietética: 2,3 g	Potasio: 1157mg

Carbohidratos totales:
67,3 g
Fibra dietética: 14,2 g

Azúcar: 45,5 g
Proteína: 34,3 g

26. Batido de huevo

Tiempo de preparación: 5 minutos
Porciones: 8

1. Ingredientes:
10 huevos
300ml de leche
100g yogur griego
2 cucharada de miel (30g)
avena 50g

2. Preparación:
Mezclar todos los ingredientes en una licuadora hasta que la composición quede lisa o suave.

3. Información nutricional (cantidad por 100g/ composición entera):

Contiene Vitamina C, hierro, calcio.

Calorías: 131	Calorías: 1176
Calorías de grasa: 55	Calorías de grasa: 498
Grasa total: 6,1 g	Grasa total: 55,3 g
Grasa saturada: 2.2g	Grasa saturada: 19,5 g
Colesterol: 185mg	Colesterol: 1667mg
Sodio: 89mg	Sodio: 799mg
Potasio: 123mg	Potasio: 1111mg
Totales hidratos de carbono: 10,1 g	Carbohidratos totales: 91,1 g
Fibra dietética: 0.6g	Fibra dietética: 5,1 g
Azúcar: 6,3 g	Azúcar: 56,3 g
Proteína: 9.1g	Proteína: 82,2 g

27. Batido de calabaza

Tiempo de preparación: 5 minutos
Porciones: 6

1. Ingredientes:

zapallo 300g
frambuesas 300g
50g crema
leche de almendras 200ml
proteína 40g

2. Preparación:

Mezclar todos los ingredientes en una licuadora hasta que la composición quede lisa o suave.

3. Información nutricional (cantidad por 100g/ composición entera):

Contiene Vitamina C, A, hierro, calcio.

Calorías: 123
Calorías de grasa: 72
Grasa total: 8g
Grasas saturadas: 6,4 g
Colesterol: 13mg
Sodio: 18mg
Potasio: 238mg
Carbohidratos totales: 9,8 g
Fibra dietética: 4.1g
Azúcar: 3,9 g

Proteínas: 5,2 g
Calorías: 986
Calorías de grasa: 576
Grasas: 64g
Grasa saturada: 51,1g
Colesterol: 105mg
Sodio: 146mg
Potasio: 1903mg
Carbohidratos totales: 78,2 g
Fibra dietética: 32,7 g

Azúcar: 31,2 g   Proteína: 41,7

28. Batido de remolacha

Tiempo de preparación: 5 minutos
Porciones: 6

1. Ingredientes:

remolacha 300g
perejil 50g
arándanos de 80g
200ml de leche
proteína 60g

2. Preparación:

Mezclar todos los ingredientes en una licuadora hasta que la composición quede lisa o suave.

3. Información nutricional (cantidad por 100g/ composición entera):

Contiene Vitamina C, A, hierro, calcio

Calorías: 89
Calorías de grasa: 14
Grasa total: 1.5g
Grasas saturadas: 0,7 g
Colesterol: 24mg
Sodio: 77mg
Potasio: 285mg
Carbohidratos totales: 10,3 g
Fibra dietética: 1,6 g

Azúcar: 7,2 g
Proteínas: 9,5 g
Calorías: 531
Calorías de grasa: 81
Grasas: 9g
Grasa saturada: 4.5g
Colesterol: 142mg
Sodio: 464mg
Potasio: 1711mg

Carbohidratos totales: 61,9 g
Fibra dietética: 9.6g

Azúcar: 43,3 g
Proteína: 56,8 g

29. Batido de coco

Tiempo de preparación: 5 minutos
Porciones: 5

1. Ingredientes:

100ml leche de coco
200ml de leche
100g yogur griego
proteína 50g
1 cucharadita de extracto de coco
30g copos de coco

2. Preparaciónn:

Mezclar todos los ingredientes en una licuadora hasta que la composición quede lisa o suave.

3. Información nutricional (cantidad por 100g/ composición entera):

Contiene Vitamina C, A, hierro, calcio
Calorías: 145
Calorías de grasa: 78
Grasa total: 8,7 g
Grasa saturada: 7,2 g
Colesterol: 25mg
Sodio: 48mg
Potasio: 184mg
Carbohidratos totales: 6,2 g
Fibra dietética: 1g

Azúcar: 4.1g
Proteínas: 11,1 g
Calorías: 723
Calorías de grasa: 391
Grasa total: 43,4 g
Grasa saturada: 35,9g
Colesterol: 126mg
Sodio: 241mg
Potasio: 922mg

Totales hidratos de carbono: 30,8 g
Fibra dietética: 4,9 g

Azúcar: 20,6 g
Proteínas: 55,8

30. Batido de mango

Tiempo de preparación: 5 minutos
Porciones: 8

1. Ingredientes:

3 frutas de mango
1 plátano
Fresas de 50g
300ml de leche
jugo de 1 limón
6 huevos

2. Preparación:

Mezclar todos los ingredientes en una licuadora hasta que la composición quede lisa o suave.

3. *Información nutricional (cantidad por 100g/ composición entera):*

Contiene Vitamina C, A, hierro, calcio.

Calorías: 87	Fibra dietética: 1g
Calorías de grasa: 31	Azúcar: 7,8 g
Grasa total: 3,4 g	Proteínas: 4,7 g
Grasas saturadas: 1,2 g	Calorías: 874
Colesterol: 101mg	Calorías de grasa: 306
Sodio: 52mg	Grasa total: 34g
Potasio: 155mg	Grasa saturada: 12,3 g
Carbohidratos totales: 10,3 g	Colesterol: 1007mg
	Sodio: 524mg

Potasio: 1549mg
Carbohidratos totales: 103g

Fibra dietética: 9.7g
Azúcar: 78,5 g
Proteína: 46,7 g

31. Batido de melón

Tiempo de preparación: 5 minutos
Porciones: 6

1. Ingredienets:

sandía de 300g
melón 200g
200ml de agua
1 cucharadita de extracto de vainillas
50g crema
proteína 50g

2. Preparación:

Mezclar todos los ingredientes en una licuadora hasta que la composición quede lisa o suave.

3. Información nutricional (cantidad por 100g/ composición entera):

Contiene Vitamina C, A, hierro, calcio
Calorías: 59
Calorías de grasa: 16
Total grasa: 1.8g
Grasa saturada: 1g
Colesterol: 16mg
Sodio: 20mg
Potasio: 154mg
Carbohidratos totales: 5,9 g
Fibra dietética: 0g

Azúcar: 4,5 g
Proteínas: 5,1 g
Calorías: 471
Calorías de grasa: 128
Grasa total: 14,2 g
Grasa saturada: 8,3 g
Colesterol: 126mg
Sodio: 158mg
Potasio: 1230mg

Carbohidratos totales:
47,5 g
Fibra alimenticia: 3g
Azúcar: 36,2 g
Proteínas: 40,7 g

32. Batido de yogur griego
Tiempo de preparación: 5 minutos
Porciones: 6

1. Ingredientes:
300g yogur griego
100g leche de coco
2 cucharada de miel (30g)
pasas de 40g
leche de almendras 200ml

2. Preparación:
Mezclar todos los ingredientes en una licuadora hasta que la composición quede lisa o suave.

3. Información nutricional (cantidad por 100g/ composición entera):

Contiene Vitamina C, A, hierro, calcio

Calorías: 167	Proteínas: 5,5 g
Calorías de grasa: 101	Calorías: 1169
Grasa total: 11,2 g	Calorías de grasa: 706
Grasa saturada: 9,8 g	Grasa total: 78,4 g
Colesterol: 2mg	Grasa saturada: 68,5 g
Sodio: 21mg	Colesterol: 15mg
Potasio: 220mg	Sodio: 149mg
Carbohidratos totales: 13,6 g	Potasio: 1541mg
Fibra dietética: 1.2g	Carbohidratos totales: 95,1 g
Azúcar: 11,5 g	Fibra dietética: 8,2 g

Azúcar: 80,3 g
Proteína: 38,3 g

33. Batido de café y banana

Tiempo de preparación: 5 minutos
Porciones: 6

1. Ingredientes:

25 gr. De café molido
2 banana
150ml de leche de almendra
20g de mantequilla de maní
100ml de agua
5 huevos

2. Preparación:

Mezclar todos los ingredientes en una licuadora hasta que la composición quede lisa o suave.

3. Información nutricional (cantidad por 100g/ composición entera):

Contiene Vitamina C, A, hierro, calcio
Calorías: 142
Calorías de grasa: 89
Grasa total: 9,9 g
Grasa saturada: 5,9 g
Colesterol: 117mg
Sodio: 61mg
Potasio: 240mg
Carbohidratos totales: 9.7g

Fibra dietética: 1.5g
Azúcar: 5,4 g
Proteínas: 5,5 g
Calorías: 992
Calorías de grasa: 621
Grasa total: 69g
Grasa saturada: 41,4 g
Colesterol: 818mg
Sodio: 429mg
Potasio: 1683mg

Carbohidratos totales:
68g
Fibra dietética: 10,7 g
Azúcar: 37,5 g
Proteína: 38,8 g

34. Batido de espinaca

Tiempo de preparación: 5 minutos
Porciones: 7

1. Ingredientes:

espinacas 200g
perejil 50g
frambuesas de 70g
200ml de leche
100ml de agua
50g crema
proteína 50g

2. Preparación:

Mezclar todos los ingredientes en una licuadora hasta que la composición quede lisa o suave.

3. Información nutricional (cantidad por 100g/ composición entera):

Contiene Vitamina C, A, hierro, calcio
Calorías: 72
Calorías de grasa: 25
Grasa total: 2,8 g
Grasa saturada: 1.5g
Colesterol: 20mg
Sodio: 58mg
Potasio: 282mg

Carbohidratos totales: 5,3 g
Fibra dietética: 1.5g
Azúcar: 2,2 g
Proteína: 7.4g
Calorías: 504
Calorías de grasa: 174
Grasa total: 19,3 g
Grasa saturada: 10,8g
Colesterol: 143mg

Sodio: 403mg
Potasio: 1973mg
Carbohidratos totales: 37g

Fibra dietética: 10,6 g
Azúcar: 15,2 g
Proteína: 52,1 g

35. Batido de chía

Tiempo de preparación: 5 minutos
Porciones: 5

1. Ingredientes:

100g de semillas de chia
leche de almendras 200ml
50 crema
perejil 50g
100ml de agua
proteína 40g

2. Preparación:

Mezclar todos los ingredientes en una licuadora hasta que la composición quede lisa o suave.

3. Información nutricional (cantidad por 100g/ composición entera):

Contiene Vitamina C, A, hierro, calcio

Calorías: 174	Azúcar: 1,7 g
Calorías de grasa: 123	Proteína: 8,4 g
Grasa total: 13,7 g	Calorías: 872
Grasa saturada: 10g	Calorías de grasa: 615
Colesterol: 20mg	Grasa total: 68,3 g
Sodio: 30mg	Grasa saturada: 50,1 g
Potasio: 260mg	Colesterol: 99mg
Carbohidratos totales: 6,2 g	Sodio: 152mg
Fibra dietética: 3,3 g	Potasio: 1300mg

Carbohidratos totales: 31,2 g
Fibra dietética: 16,5 g
Azúcar: 8,5 g
Proteína: 42,1 g

36. Batido de papaya

Tiempo de preparación: 5 minutos
Porciones: 6

1. Ingredientes:

3 frutos de papaya
avena 50g
300ml de leche
1 cucharadita de extracto de vainillas
proteína 50g

2. Preparación:

Mezclar todos los ingredientes en una licuadora hasta que la composición quede lisa o suave.

3. Información nutricional (cantidad por 100g/ composición entera):

Contiene Vitamina C, A, hierro, calcio

Calorías: 95	Azúcar: 5,4 g
Calorías de grasa: 14	Proteínas: 6,5 g
Grasa total: 1,6 g	Calorías: 760
Grasas saturadas: 0,7 g	Calorías de grasa: 113
Colesterol: 16mg	Grasa total: 12,6 g
Sodio: 34mg	Grasa saturada: 5,9 g
Potasio: 81mg	Colesterol: 130mg
Carbohidratos totales: 14,1 g	Sodio: 268mg
Fibra: 1,4 g	Potasio: 648mg

Carbohidratos totales: 113g
Fibra dietética: 11,1 g

Azúcar: 43,5 g
Proteína: 52,4 g

37. Batido de aguacate y vainilla

Tiempo de preparación: 5 minutos
Porciones: 8

1. *Ingredientes:*

3 aguacates
20g de azúcar de vainilla
150ml de leche
200ml de agua
1 cucharadita de extracto de vainilla
40g de proteínas de suero de leche (vainilla)

2. *Preparation:*

Mezclar todos los ingredientes en una licuadora hasta que la composición quede lisa o suave. 3

3. *Información nutricional (cantidad por 100g/ composición entera):*

Contiene Vitamina C, A, hierro, calcio
Calorías: 155
Calorías de grasa: 111
Grasa total: 12,3 g
Grasa saturada: 2,8 g
Colesterol: 10mg
Sodio: 19mg
Potasio: 325mg
Carbohidratos totales: 8,5 g
Fibra alimenticia: 4g

Azúcar: 3,2 g
Proteínas: 4,5 g
Calorías: 1549
Calorías de grasa: 1108
Grasa total: 123,1 g
Grasa saturada: 27,8 g
Colesterol: 96mg
Sodio: 187mg
Potasio: 3248mg

Carbohidratos totales:
84,8 g
Fibra dietética: 40,4 g

Azúcar: 31,7 g
Proteína: 45,1 g

38. Batido de cerezas y almendras

Tiempo de preparación: 5 minutos
Porciones: 8

1. Ingredientes:

300g de cerezas
leche de almendra 100g
6 huevos
30g de almendras (picadas)
crema 75g
leche 200g
1 cucharada Extracto de vainilla

2. Preparación:

Mezclar todos los ingredientes en una licuadora hasta que la composición quede lisa o suave.

3. Información nutricional (cantidad por 100g/ composición entera):

Contiene Vitamina C, A, hierro, calcio

Calorías: 158	Fibra: 0,9 g
Calorías de grasa: 85	Azúcar: 1,9 g
Grasa total: 9,5 g	Proteínas: 5,8 g
Grasas saturadas: 4,8 g	Calorías: 1424
Colesterol: 115mg	Calorías de grasa: 766
Sodio: 64mg	Grasa total: 85,1 g
Potasio: 155mg	Grasa saturada: 42,8g
Carbohidratos totales: 12,5 g	Colesterol: 1031mg
	Sodio: 574mg

Potasio: 1394mg
Carbohidratos totales: 113g
Fibra dietética: 7,8 g
Azúcar: 17,4 g
Proteína: 51,9 g

39. Batido de zanahorias

Tiempo de preparación: 5 minutos
Porciones: 8

1. Ingredientes:

300g de zanahorias
fresas 200g
perejil 30g
200ml de leche
leche de coco 50g
avena 30g
5 huevos

2. Preparación:

Mezclar todos los ingredientes en una licuadora hasta que la composición quede lisa o suave.

3. Información nutricional (cantidad por 100g/ composición entera):

Contiene Vitamina C, A, hierro, calcio
Calorías: 84
Calorías de grasa: 37
Grasa total: 4.1g
Grasa saturada: 2g
Colesterol: 84mg
Sodio: 64mg
Potasio: 208mg
Carbohidratos totales: 8,2 g
Fibra dietética: 1,7 g
Azúcar: 3,8 g
Proteínas: 4.4g
Calorías: 844
Calorías de grasa: 367
Grasa total: 40,8 g

Grasa saturada: 20,3g
Colesterol: 835mg
Sodio: 640mg
Potasio: 2085mg
Carbohidratos totales: 81,7 g
Fibra dietética: 16,5 g
Azúcar: 37,8 g
Proteína: 44,2 g

40. Batido de uva

Tiempo de preparación: 5 minutos
Porciones: 8

1. Ingredientes:

uvas 400g
arándanos de 50g
200ml de leche
100g yogur griego
1 cucharada de extracto de vainilla
proteína 50g

2. Preparació:

Mezclar todos los ingredientes en una licuadora hasta que la composición quede lisa o suave.

3. Información nutricional (cantidad por 100g/ composición entera):

Contiene Vitamina C, A, hierro, calcio

Calorías: 88	Azúcar: 10,8 g
Calorías de grasa: 12	Proteínas: 6,9 g
Grasa total: 1,4 g	Calorías: 706
Grasas saturadas: 0,8 g	Calorías de grasa: 97
Colesterol: 16mg	Grasa total: 10,8 g
Sodio: 29mg	Grasas saturadas: 6g
Potasio: 171mg	Colesterol: 126mg
Carbohidratos totales: 12,2 g	Sodio: 229mg
Fibra dietética: 0.6g	Potasio: 1364mg

Carbohidratos totales: 97,6 g
Fibra dietética: 4.8g

Azúcar: 86,4 g
Proteína: 55,4 g

41. Batido marron de cacao

Tiempo de preparación: 5 minutos
Porciones: 4

1. Ingredientes:

50g nuez de la India (picada)
2 cucharadas cacao en polvo (30g)
leche de almendra 100ml
200ml de agua
50g de proteínas de suero de leche (chocolate)

2. Preparación:

Mezclar todos los ingredientes en una licuadora hasta que la composición quede lisa o suave.

3. Información nutricional (cantidad por 100g/ composición entera):

Contiene Vitamina C, A, hierro, calcio.

Calorías: 197
Calorías de grasa: 127
Grasa total: 14,1 g
Grasa saturada: 7,8 g
Colesterol: 26mg
Sodio: 30mg
Potasio: 209mg
Carbohidratos totales: 10,7 g
Fibra dietética: 3,2 g
Azúcar: 1,9 g

Proteína: 12,9 g
Calorías: 789
Calorías de grasa: 507
Grasa total: 56,3 g
Grasa saturada: 31,3g
Colesterol: 104mg
Sodio: 119mg
Potasio: 834mg
Carbohidratos totales: 42,9 g
Fibra dietética: 12,7 g

Azúcar: 7.4g   Proteína: 51

42. Batido de col

Tiempo de preparación: 5 minutos
Porciones: 6

1. Ingredientes:

col rizada de 300g
perejil 50g
1 limón (jugo)
20g de jengibre
300ml de agua
50ml de leche
proteína 50g

2. Preparación:

Mezclar todos los ingredientes en una licuadora hasta que la composición quede lisa o suave.

3. Información nutricional (cantidad por 100g/ composición entera):

Contiene Vitamina C, A, hierro, calcio

Calorías: 59	Azúcar: 0,8 g
Calorías de grasa: 6	Proteínas: 6,3 g
Grasa total: 0,7 g	Calorías: 475
Grasa saturada: 0g	Calorías de grasa: 52
Colesterol: 14mg	Grasa total: 5,8 g
Sodio: 36mg	Grasa saturada: 2,6 g
Potasio: 300mg	Colesterol: 108mg
Carbohidratos totales: 8g	Sodio: 288mg
Fibra dietética: 1.3g	Potasio: 2402mg

Carbohidratos totales: 64,2 g
Fibra dietética: 10.5g

Azúcar: 6g
Proteína: 50,1

43. Batido de lechuga

Tiempo de preparación: 5 minutos
Porciones: 8

1. Ingredientes:

lechuga 300g
espinacas 50g
perejil 30g
leche de almendra 100ml
avena 30g
5 huevos
300ml de leche

2. Preparación:

Mezclar todos los ingredientes en una licuadora hasta que la composición quede lisa o suave.

3. Información nutricional (cantidad por 100g/ composición entera):

Contiene Vitamina C, A, hierro, calcio

Calorías 88	Fibra: 0,9 g
Calorías de grasa: 50	Azúcar: 2,3 g
Grasa total: 5,5 g	Proteínas: 4,8 g
Grasa saturada: 3,2 g	Calorías: 880
Colesterol: 84mg	Calorías de grasa: 498
Sodio: 54mg	Grasa total: 55,3 g
Potasio: 172mg	Grasa saturada: 32,5 g
Carbohidratos totales: 5,6 g	Colesterol: 844mg
	Sodio: 544mg

Potasio: 1716mg
Carbohidratos totales:
55,6 g
Fibra dietética: 9,3 g
Azúcar: 22,8 g
Proteína: 47,8 g

44. Batido de gengibre y col

Tiempo de preparación: 5 minutos
Porciones: 6

1. *Ingredientes:*

col rizada de 200g
20g de jengibre
4 huevos
leche de coco 50g
yogur griego 100g
leche de almendras 200g
1-2 cucharada de miel (15-30g)
20g de semillas de chia

2. *Preparació:*

Mezclar todos los ingredientes en una licuadora hasta que la composición quede lisa o suave.

3. *Información nutricional (cantidad por 100g/ composición entera):*

Contiene Vitamina C, A, hierro, calcio
Calorías: 146
Calorías de grasa: 93
Grasa total: 10,3 g
Grasa saturada: 7,6 g
Colesterol: 82mg
Sodio: 51mg
Potasio: 292mg
Carbohidratos totales: 9,2 g
Fibra dietética: 1,6 g
Azúcar: 4g
Proteína: 5,9 g
Calorías: 1165
Calorías de grasa: 740
Grasa total: 82,2 g

Grasa saturada: 60,4g
Colesterol: 660mg
Sodio: 410mg
Potasio: 2338mg

Carbohidratos totales: 73,7 g
Fibra dietética: 13,1 g
Azúcar: 31,6 g
Proteínas: 47

45. Batido de pepino

Tiempo de preparación: 5 minutos
Porciones: 6

1. Ingredientes:

pepino de 300g
perejil 50g
80g de queso cottage
Extracto de limón 1 cucharadita (5g)
300ml de agua
proteína 40g

2. Preparación:

Mezclar todos los ingredientes en una licuadora hasta que la composición quede lisa o suave.

3. Información nutricional (cantidad por 100g/ composición entera):

Contiene Vitamina C, A, hierro, calcio.

Calorías: 39
Calorías de grasa: 5
Grasa total: 0,6 g
Grasa saturada: 0g
Colesterol: 11mg
Sodio: 55mg
Potasio: 137mg
Carbohidratos totales: 3,6 g
Fibra dietética: 0.6g

Azúcar: 1g
Proteínas: 5,4 g
Calorías: 310
Calorías de grasa: 43
Grasa total: 4.8g
Grasa saturada: 2,4 g
Colesterol: 90mg
Sodio: 441mg
Potasio: 1092mg

Carbohidratos totales: 28,8 g
Fibra dietética: 5g

Azúcar: 8g
Proteína: 43,5 g

46. Batido de matcha

Tiempo de preparación: 5 minutos
Porciones: 6

1. Ingredientes:

20g matcha
1 limón (jugo)
yogur griego 100g
5 huevos
perejil 50g
50ml leche de coco
200ml de leche

2. Preparación:

Mezclar todos los ingredientes en una licuadora hasta que la composición quede lisa o suave.

3. Información nutricional (cantidad por 100g/ composición entera):

Contiene Vitamina C, A, hierro, calcio

Calorías: 94	Fibra: 0,7 g
Calorías de grasa: 52	Azúcar: 3g
Grasa total: 5,8 g	Proteínas: 6,8 g
Grasa saturada: 3,1 g	Calorías: 661
Colesterol: 120mg	Calorías de grasa: 367
Sodio: 68mg	Grasa total: 40,8 g
Potasio: 148mg	Grasa saturada: 21,7 g
Totales hidratos de carbono: 4,6 g	Colesterol: 840mg
	Sodio: 477mg

Potasio: 1033mg
Carbohidratos totales: 32,1 g
Fibra dietética: 4,7 g
Azúcar: 21,3 g
Proteína: 47,6

47. Batido de brócoli

Tiempo de preparación: 5 minutos
Porciones: 6

1. *Ingredientes:*

brócoli 200g
perejil 50g
espinacas 30g
30g requesón
300ml de leche
100ml de agua
4 huevos

2. *Preparacón:*

Mezclar todos los ingredientes en una licuadora hasta que la composición quede lisa o suave.

3. *Información nutricional (cantidad por 100g/ composición entera):*

Contiene Vitamina C, A, hierro, calcio

Calorías de grasa: 25	Fibra dietética: 0.8g
Grasa total: 2,8 g	Azúcar: 2,1 g
Grasa saturada: 1,1 g	Proteínas: 4,9 g
Colesterol: 76mg	Calorías: 526
Sodio: 71mg	Calorías de grasa: 230
Potasio: 169mg	Grasa total: 25,6 g
Carbohidratos totales: 3,9 g	Grasa saturada: 9.7g
	Colesterol: 682mg

Sodio: 635mg
Potasio: 1521mg
Carbohidratos totales: 35,2 g

Fibra dietética: 7,5 g
Azúcar: 19,4 g
Proteína: 44,4 g

48. Batido de col y banana

Tiempo de preparación: 5 minutos
Porciones: 6

1. Ingredientes:

150ml leche de coco
col rizada de 70g
espinacas 30g
1 plátano
proteína 40g
200ml de agua
Edulcorante al gusto (miel de panela)

2. Preparación:

Mezclar todos los ingredientes en una licuadora hasta que la composición quede lisa o suave.

3. Información nutricional (cantidad por 100g/ composición entera):

Contiene Vitamina C, A, hierro, calcio

Calorías: 109
Calorías de grasa: 59
Grasa total: 6,5 g
Grasa saturada: 5,6 g
Colesterol: 14mg
Sodio: 26mg
Potasio: 260mg
Carbohidratos totales: 8,1 g

Fibra: 1,4 g
Azúcar: 3,5 g
Proteína: 6g
Calorías: 651
Calorías de grasa: 352
Grasas: 39,2 g
Grasa saturada: 33,5 g
Colesterol: 83mg
Sodio: 155mg

Potasio: 1562mg
Carbohidratos totales: 48,5 g
Fibra dietética: 8,1 g
Azúcar: 20,8 g
Proteína: 36,3 g

49. Batido de mango y durano

Tiempo de preparación: 5 minutos
Porciones: 8

1. Ingredientes:

2 frutas del mango
4-6 duraznos
300ml de leche
yogur griego 50g
proteína 40g

2. Preparación:

Mezclar todos los ingredientes en una licuadora hasta que la composición quede lisa o suave.

3. Información nutricional (cantidad por 100g/ composición entera

Contiene Vitamina C, A, hierro, calcio

Calorías: 64	Proteínas: 4,8 g
Calorías de grasa: 10	Calorías: 640
Grasa total: 1,1 g	Calorías de grasa: 101
Grasa saturada: 0.6g	Grasa total: 11,2 g
Colesterol: 11mg	Grasa saturada: 5,9 g
Sodio: 24mg	Colesterol: 111mg
Potasio: 153mg	Sodio: 238mg
Carbohidratos totales: 9,3 g	Potasio: 1531mg
Fibra: 0,9 g	Carbohidratos totales: 93,4 g
Azúcar: 8g	Fibra dietética: 9,5 g

Azúcar: 80g					Proteína: 48,3 g

50. Batido verde

Tiempo de preparación: 5 minutos
Porciones: 6

1. *Ingredientes:*

perejil 100g
col rizada de 200g
frambuesas 100g
Extracto de limón 1 cucharadita (5g)
200ml de agua
30ml de leche
proteína 60g

2. *Preparación:*

Mezclar todos los ingredientes en una licuadora hasta que la composición quede lisa o suave.

3. *Información nutricional (cantidad por 100g/ composición entera):*

Contiene Vitamina C, A, hierro, calcio

Calorías: 62
Calorías de grasa: 7
Grasa total: 0.8g
Grasa saturada: 0g
Colesterol: 18mg
Sodio: 39mg
Potasio: 292mg
Carbohidratos totales: 6,8 g

Fibra: 1,8 g
Azúcar: 1,2 g
Proteína: 7,7 g
Calorías: 435
Calorías de grasa: 51
Grasa total: 5,6 g
Grasa saturada: 2,3 g
Colesterol: 128mg
Sodio: 271mg

Potasio: 2046mg
Carbohidratos totales:
47,9 g

Fibra dietética: 12,8 g
Azúcar: 8,4 g
Proteína: 54g

51. Batido de guayaba

Tiempo de preparación: 5 minutos
Porciones: 6

1. Ingredientes:

2 frutas de guayaba
6 huevos
200ml de leche
20ml leche de coco
almendra 20ml de leche
1 cucharadita de extracto de vainilla (5g)
Edulcorante al gusto (miel de panela)

2. Preparación:

Mezclar todos los ingredientes en una licuadora hasta que la composición quede lisa o suave.

3. Información nutricional (cantidad por 100g/ composición entera):

Contiene Vitamina C, A, hierro, calcio.

Calorías: 101
Calorías de grasa: 54
Grasa total: 6g
Grasa saturada: 2,8 g
Colesterol: 143mg
Sodio: 68mg
Potasio: 191mg
Carbohidratos totales: 5,8 g

Fibra dietética: 1.5g
Azúcar: 4,2 g
Proteínas: 6,5 g
Calorías: 709
Calorías de grasa: 377
Grasa total: 41,9 g
Grasa saturada: 19,8 g
Colesterol: 999mg
Sodio: 477mg

Potasio: 1336mg
Carbohidratos totales:
40,7 g

Fibra dietética: 10,6 g
Azúcar: 29,3 g
Proteína: 45,5 g

52. Batido de moras

Tiempo de preparación: 5 minutos
Porciones: 6

1. Ingredientes:

moras 300g
espinacas 200g
50g de queso cottage
leche 300g
3 huevos
avena 30g

2. Preparación:

Mezclar todos los ingredientes en una licuadora hasta que la composición quede lisa o suave.

3. Información nutricional (cantidad por 100g/ composición entera):

Contiene Vitamina C, A, hierro, calcio.

Calorías: 67
Calorías de grasa: 22
Grasa total: 2,4 g
Grasas saturadas: 0,9 g
Colesterol: 52mg
Sodio: 72mg
Potasio: 220mg
Carbohidratos totales: 7,5 g
Fibra dietética: 1.2g

Azúcar: 4g
Proteínas: 4,7 g
Calorías: 672
Calorías de grasa: 217
Grasa total: 24,1 g
Grasa saturada: 8,9 g
Colesterol: 520mg
Sodio: 719mg
Potasio: 2204mg

Carbohidratos totales:
74,6 g
Fibra dietética: 12,5 g
Azúcar: 40,1 g
Proteína: 47,3

53. Batido de pomelo

Tiempo de preparación: 5 minutos
Porciones: 6

1. Ingredientes:

2 pomelos
yogur griego 200g
200ml de agua
endulzante (miel de panela) de 30g
proteína 50g

2. Preparación:

Mezclar todos los ingredientes en una licuadora hasta que la composición quede lisa o suave.

3. Información nutricional (cantidad por 100g/ composición entera):

Contiene Vitamina C, A, hierro, calcio.

Calorías: 61	Proteínas: 8,2 g
Calorías de grasa: 9	Calorías: 425
Grasa total: 1g	Calorías de grasa: 65
Grasas saturadas: 0,7 g	Grasas: 7,2 g
Colesterol: 16mg	Grasa saturada: 4.5g
Sodio: 23mg	Colesterol: 114mg
Potasio: 132mg	Sodio: 160mg
Totales carbohidratos: 10g	Potasio: 923mg
Fibra dietética: 2,9 g	Carbohidratos totales: 69,9 g
Azúcar: 3,9 g	Fibra dietética: 20,5 g

Azúcar: 27,4 g   Proteína: 57,3 g

54. Batido de melón

Tiempo de preparación: 5 minutos
Porciones: 6

1. Ingredientes:

melón de 300g
200g yogur griego
100ml de agua
edulcorante de 20g (miel de panela)
proteína 50g

2. Preparación:

Mezclar todos los ingredientes en una licuadora hasta que la composición quede lisa o suave.

3. Información nutricional (cantidad por 100g/ composición entera):

Contiene Vitamina C, A, hierro, calcio.

Calorías: 64	Calorías: 445
Calorías de grasa: 10	Calorías de grasa: 68
Grasa total: 1,1 g	Grasas totales: 7,6 g
Grasas saturadas: 0,7g	Grasa saturada: 4,6 g
Colesterol: 16mg	Colesterol: 114mg
Sodio: 29mg	Sodio: 205mg
Potasio: 195mg	Potasio: 1367mg
Carbohidratos totales: 8,8 g	Totales carbohidratos: 62g
Fibra: 2,1 g	Fibra dietética: 14,5 g
Azúcar: 4,7 g	Azúcar: 33,1 g
Proteínas: 8,3 g	

Proteína: 58,2 g

55. Batido de granadina

Tiempo de preparación: 5 minutos
Porciones: 6

1. *Ingredientes:*

4 granadas
60g de polvo de suero de leche
200ml de leche
1 cucharadita de extracto de vainilla
crema 20g

2. *Preparación:*

Mezclar todos los ingredientes en una licuadora hasta que la composición quede lisa o suave.

3. *Información nutricional (cantidad por 100g/ composición entera:*

Contiene Vitamina C, A, hierro, calcio

Calorías: 88	Proteína: 6g
Calorías de grasa: 12	Calorías: 790
Grasas: 1.3g	Calorías de grasa: 108
Grasas saturadas: 0,8 g	Grasas: 12g
Colesterol: 17mg	Grasa saturada: 6,9 g
Sodio: 24mg	Colesterol: 151mg
Potasio: 233mg	Sodio: 215mg
Carbohidratos totales: 13,6 g	Potasio: 2093mg
Fibra dietética: 0g	Carbohidratos totales: 123g
Azúcar: 10,6 g	Fibra alimenticia: 4g

Azúcar: 95,7 g			Proteína: 54,2 g

56. Batido de Kiwi

Tiempo de preparación: 5 minutos
Porciones: 6

1. Ingredienets:

kiwis 100g
8 huevos
200ml de leche
edulcorante 20g (miel de panela)
yogur griego 100g

2. Preparación:

Mezclar todos los ingredientes en una licuadora hasta que la composición quede lisa o suave.

3. Información nutricional (cantidad por 100g/ composición entera):

Contiene Vitamina C, A, hierro, calcio

Calorías: 93	Fibra dietética: 1,9 g
Calorías de grasa: 47	Azúcar: 3,1 g
Grasa total: 5,2 g	Proteína: 7,8 g
Grasa saturada: 1,9 g	Calorías: 743
Colesterol: 166mg	Calorías de grasa: 376
Sodio: 78mg	Grasa total: 41,7 g
Potasio: 130mg	Grasa saturada: 15g
Carbohidratos totales: 6,9 g	Colesterol: 1331mg
	Sodio: 626mg

Potasio: 1043mg
Totales carbohidratos: 55g

Fibra dietética: 14,8 g
Azúcar: 25g
Proteína: 62,2 g

57. Batido de kiwi y fresa

Tiempo de preparación: 5 minutos
Porciones: 6

1. Ingredientes:

kiwis 200g
fresas 150g
yogur griego 50g
200ml de leche
60g de polvo de suero de leche

2. Preparación:

Mezclar todos los ingredientes en una licuadora hasta que la composición quede lisa o suave.

3. Información nutricional (cantidad por 100g/ composición entera):

Contiene Vitamina C, A, hierro, calcio

Calorías: 78
Calorías de grasa: 13
Grasa total: 1.5g
Grasas saturadas: 0,7 g
Colesterol: 21mg
Sodio: 33mg
Potasio: 197mg
Carbohidratos totales: 8.6g
Fibra dietética: 1.3g

Azúcar: 5,5 g
Proteínas: 8,3 g
Calorías: 543
Calorías de grasa: 93
Grasa total: 10,3 g
Grasa saturada: 5,1 g
Colesterol: 144mg
Sodio: 228mg
Potasio: 1382mg

Carbohidratos totales: 60,1 g
Fibra dietética: 9g

Azúcar: 38,4 g
Proteína: 57,9 g

58. Cantalupo batido de melón
Tiempo de preparación: 5 minutos
Porciones: 6

1. Ingredienets:

1 melón (500g)
yogur griego 200g
1 cucharadita de extracto de vainilla (5g)
100ml de leche
avena 40g
6 huevos

2. Preparación:

Mezclar todos los ingredientes en una licuadora hasta que la composición quede lisa o suave.

3. Información nutricional (cantidad por 100g/ composición entera):

Contiene Vitamina C, A, hierro, calcio

Calorías de grasa: 45	Proteínas: 9g
Grasa total: 5g	Calorías: 775
Grasas saturadas: 1,8 g	Calorías de grasa: 315
Colesterol: 143mg	Grasa total: 35g
Sodio: 72mg	Grasa saturada: 12,9 g
Potasio: 121mg	Colesterol: 1001mg
Carbohidratos totales: 7,2 g	Sodio: 502mg
Fibra: 0,7 g	Potasio: 846mg
Azúcar: 3,2 g	Carbohidratos totales: 50,7 g

Fibra dietética: 5g Proteína: 62,9 g
Azúcar: 22,6 g

59. Batido de fruta de la pasión

Tiempo de preparación: 5 minutos
Porciones: 4

1. Ingredientes:

6 frutas de la pasión (picadas)
Fresas de 50g
leche de almendras 200ml
50ml de leche
1 cucharadita de extracto de vainilla (5g)
proteína 60g

2. Preparación:

Mezclar todos los ingredientes en una licuadora hasta que la composición quede lisa o suave.

3. Información nutricional (cantidad por 100g/ composición entera):

Contiene Vitamina C, A, hierro, calcio

Calorías: 171	Proteínas: 10,4 g
Calorías de grasa: 97	Calorías: 857
Grasa total: 10,8 g	Calorías de grasa: 485
Grasa saturada: 9.1g	Grasa total: 53,9 g
Colesterol: 26mg	Grasa saturada: 45,4 g
Sodio: 39mg	Colesterol: 129mg
Potasio: 272mg	Sodio: 193mg
Totales hidratos de carbono: 10,1 g	Potasio: 1361mg
Fibra dietética: 3,3 g	Carbohidratos totales: 50.5g
Azúcar: 5,2 g	Fibra dietética: 16,7 g

Azúcar: 26g   Proteína: 51,9 g

60. Batido de grosellas

Tiempo de preparación: 5 minutos
Porciones: 6

1. Ingredientes:

grosellas de 350g
200ml de leche
mantequilla de maní 1 cucharadita (15g)
7 huevos
100g yogur griego

2. Preparación:

Mezclar todos los ingredientes en una licuadora hasta que la composición quede lisa o suave.

3. *Información nutricional (cantidad por 100g/ composición entera):*

Contiene Vitamina C, A, hierro, calcio

Calories: 85
Calorías de grasa: 36
Grasa total: 4g
Grasa saturada: 1,4 g
Colesterol: 117mg
Sodio: 59mg
Potasio: 167mg
Carbohidratos totales: 6,6 g
Fibra dietética: 1.5g
Azúcar: 4,2 g

Proteínas: 6,2 g
Calorías: 846
Calorías de grasa: 326
Grasa total: 40,2 g
Grasa saturada: 14,2 g
Colesterol: 1168mg
Sodio: 589mg
Potasio: 1669mg
Carbohidratos totales: 65,9 g
Fibra dietética: 15,4 g

Azúcar: 42g   Proteína: 61.7

OTROS GRANDES TÍTULOS DE ESTE AUTOR

www.ingramcontent.com/pod-product-compliance
Lightning Source LLC
Chambersburg PA
CBHW071728080526
44588CB00013B/1942